Tirso de Molina

# Los lagos
# de san Vicente

Barcelona **2024**
Linkgua-ediciones.com

## Créditos

Título original: Los lagos de San Vicente.

© 2024, Red ediciones S.L.

e-mail: info@Linkgua-ediciones.com

Diseño de cubierta: Michel Mallard.

ISBN tapa dura: 978-84-9953-804-4.
ISBN rústica: 978-84-9816-529-6.
ISBN ebook: 978-84-9953-316-2.

# Sumario

Créditos _____ 4

Brevísima presentación _____ 7
   La vida _____7

Personajes _____ 8

Jornada primera _____ 9

Jornada segunda _____ 51

Jornada tercera _____ 91

Libros a la carta _____ 129

## Brevísima presentación

### La vida

Tirso de Molina (Madrid, 1583-Almazán, Soria, 1648). España.

Se dice que era hijo bastardo del duque de Osuna, pero otros lo niegan. Se sabe poco de su vida hasta su ingreso como novicio en la Orden mercedaria, en 1600, y su profesión al año siguiente en Guadalajara. Parece que había escrito comedias y por entonces viajó por Galicia y Portugal. En 1614 sufrió su primer destierro de la corte por sus sátiras contra la nobleza. Dos años más tarde fue enviado a la Hispaniola (actual República Dominicana) y regresó en 1618. Su vocación artística y su actitud contraria a los cenáculos culteranos no facilitó sus relaciones con las autoridades. En 1625, el Concejo de Castilla lo amonestó por escribir comedias y le prohibió volver a hacerlo bajo amenaza de excomunión. Desde entonces solo escribió tres nuevas piezas y consagró el resto de su vida a las tareas de la orden.

## Personajes

Fernando, Rey
Don Tello
Doña Blanca
Dos cautivos
Axa, mora
Rey Moro
Carrasco, pastor
Mari Pablos
Músicos
Alí Petrán, moro
Dos moros
Don Gutierre
Don García
Casilda, santa
San Vicente, mártir
Abén Rogel, moro
Nuestra Señora, Santa María
Juan Pascual, rústico
Dos pastores

## Jornada primera

(En lo alto de unos riscos Pascual, villano, muy a lo grosero con un bastón y una honda. Por la mitad de los riscos el Rey don Fernando, de caza.)

| | |
|---|---|
| Pascual | ¡Hao! Que espantáis el cabrío. |
| | ¡Verá por dó se metió! |
| | ¡Valga el diablo al que os parió! |
| | Echá por acá, jodío. |
| | Teneos el abigarrado. |
| | |
| Fernando | Enriscado me perdí; |
| | Pastor, acércate aquí. |
| | |
| Pascual | Sí, acercáosle, que espetado; |
| | pues yo os juro a non de san |
| | que si avisaros no bonda |
| | y escopetina la honda |
| | tres libras de mazapán, |
| | mijor diré mazapiedra |
| | ¡Hao! Que se mos descarría |
| | el hato. |
| | |
| Fernando | Escucha. |
| | |
| Pascual | Aún sería |
| | el diablo; verá la medra |
| | con que mos vino; arre allá |
| | hombre del diabro, ¿estás loco? |
| | Ve bajando poco a poco, |
| | no por ahí, ancia acá. |
| | ¡Voto a san, si te deslizas... |
| | |
| Fernando | Acerca, dame la mano. |

Pascual          Que has de llegar a lo llano,
                       bueno para longanizas.

(Alárgale el bastón para que se tenga a él.)

                      Agarraos a este garrote.
                      ¿Quién diabros, por aquí os trujo?
                      Teneos bien, que si os rempujo,
                      no doy por vueso cogote
                         un pito.

Fernando                  ¿Qué tierra es ésta?

Pascual           La Bureba de Castilla.

Fernando         ¡Notables riscos!

Pascual                    Mancilla
               vos tengo.

Fernando                ¡Qué extraña cuesta!

Pascual            Llámase Espanta roínes.

Fernando         No sé yo que haya en España
                      tan escabrosa montaña.

Pascual         Mala es para con chapines.
(Van bajando.)     Dad acá la mano.

(Con guante.)

Fernando                  Toma.

| | |
|---|---|
| Pascual | ¿Hay mano con tal brandura? |
| | O sois vagamundo o cura. |
| | Echad por aquesta loma. |
| | Con tiento, hao, que caeréis. |
| | |
| Fernando | ¿Hay peñas más enriscadas? |
| | |
| Pascual | Manos de lana y peinadas |
| | guedejas: hao, no me oléis |
| | a poleo. Pregue a Dios |
| | que no encarezcáis la leña. |
| | |
| Fernando | No malicies. |
| | |
| Pascual | ¿Pues hay dueña |
| | que las tenga como vos? |
| | |
| Fernando | ¿Nunca viste guantes? |
| | |
| Pascual | ¿Qué? |
| | |
| Fernando (Aparte.) | Éstos. (¡Simple es el villano!) |

(Vase descalzando el guante.)

| | |
|---|---|
| Pascual | Hao, que os desolláis la mano. |
| | ¿Estáis borracho?, a la he, |
| | que debéis ser hechicero. |
| | E pellejo se ha quitado |
| | y la mano le ha quedado |
| | sana, apartada del cuero. |
| | Las mías el azadón |
| | les ha enforrado de callos; |

pues que sabéis desollallos
hedme alguna encantación,
    o endilgadme vos el cómo
se quitan, que Mari Pabros
se suele dar a los diabros
cuando la barba la tomo.

Fernando            ¡Sazonada rustiqueza!

Pascual             Por aquí, que poco falta
de la sierra.

Fernando                        Ella es bien alta
y asombrosa su aspereza.

Pascual                 Y decid, por vuesa vida,
qué, ¿se puede desollar,
la mano sin desangrar
quedando entera y guarrida?

Fernando                Anda, necio; la que ves
es una piel de cabrito
o cordobán.

Pascual                        Sí; bonito
soy yo.

Fernando                    Adóbanla después
y ajustándola a la mano
del aire y Sol la defiende.

Pascual             ¡Qué bueno! O sois brujo o duende.
¿Pensáis, aunque só serrano
    burlarme? ¿No está apegada

con la carne esotra?

Fernando                   No.

Pascual         ¿No os la vi desollar yo?

Fernando        Estaba en ella encerrada
                   como tu pie en esta abarca.

Pascual         Si las atáis por traviesas
                 dejáradeslas vos presas
                 o metidas en el arca.
                   Mari Pabros me pedía
                 la mía de matrimeño,
                 y yo, como amor la enseño,
                 dándola aquesta vacía,
                   burlada se quedará
                 si por Olalla la dejo;
                 que hay mano que da el pellejo
                 pero no la voluntá.
                   Y porque ya estáis abajo
                 adiós, que al hato me vó.

Fernando        Quiero desempeñar yo
                 las deudas de tu trabajo.
                   Toma este anillo.

Pascual                 ¿Este qué?

Fernando        Anillo es de oro.

Pascual                   Verá,
                 de prata los hay acá
                 mijores; se le daré

a Mari Pabros, señor.
¿Qué es esto que relumbrina?

Fernando          Un diamante, piedra fina.

Pascual           ¿Lo que llaman esprendor
                    el ruta y el boticario?

Fernando          ¿Quién?

Pascual                    Un par de entendimientos
                  que, a falta de pensamientos,
                  nos habran tras ordinario
                    y hay en nueso puebro quien
                  mos avisa; estos que oís
                  echan al pan negro anís
                  para que oros sepa bien.

(Sale don Tello, desnuda la espada y en cuerpo.)

Tello                    Quien no cumple obligaciones
                  de valor y de amistad
                  pague así su deslealtad
                  y vengue sus sinrazones.

Fernando                 Tened, don Tello, ¿qué es esto?
                  ¿Vos con la espada desnuda?

Tello             Señor, un agravio muda
                  leyes que amor había puesto.
                    Cazando os habéis perdido,
                  pero podréis os hallar
                  a vos mismo, si excusar
                  sentimientos sois servido

de quien valor interesa
y busca satisfacción.
Cazad, Fernando, el blasón
de igual, que es sabrosa presa
  digna de las majestades
en que se retrata Dios.
Verdades huyen de vos;
seguid, señor, las verdades.

Fernando     Pues ¿a qué fin es todo eso?

Tello        Don Diego, favorecido
de vos, muchos ha ofendido,
que el privar ofusca el seso;
  y yo que de él confié
prendas de la voluntad,
quejoso de su amistad
en esta sierra saqué
  con su sangre el sentimiento
de mi agravio. No sé yo
si vive. Sé que quedó
herido y con escarmiento.
  Temo el poder coronado
de un Rey que se subordina
a leyes que amor inclina
contra la razón de estado.
  Siento seguirme su gente
y el riesgo no da lugar
a poderos declarar
la ocasión que tuve urgente.
  Si vos la verdad seguís,
que os suplico que busquéis,
en los yermos la hallaréis,
y si templado la oís

                    sabréis el agravio mío;
                    mas si os tiene el favor ciego
                    de doña Blanca y don Diego,
                    aunque enemigo, os la fío.

Fernando            Don Tello, esperad.

Tello                              No puedo,
                    gran señor, aunque os adoro,
                    que os he ofendido; al Rey moro
                    voy a servir de Toledo.

(Vase don Tello. Sale doña Blanca.)

Blanca              Fernando generoso,
                    a quien debe Castilla
                    el título de reino
                    si el de condado olvida,
                    y en hermandad eterna
                    acuartelados pintas
                    castillos y leones
                    en unas armas mismas,
                    escucha agravios tuyos,
                    porque entre injurias mías
                    a ti te satisfagas,
                    a mí me des justicia.
                    Mi nombre es doña Blanca,
                    ya blanco de desdichas,
                    a quien airados cielos
                    con triste aspecto miran.
                    Señora de estos montes,
                    de estas sierras altivas,
                    mis padres castigaron
                    por heredarlos hija.

Única fui en Briviesca,
solar y casa antigua
de mis antepasados;
notoria fue su estima.
Mis años eran pocos
y menos la noticia
forzosa a una doncella
ya madre de familias.
Don Tello de Velasco,
cuyas tierras vecinas
le hicieron, si no deudo,
doméstico en mi villa,
multiplicaba en ella
frecuencias compasivas
a que le ocasionaban
el verme sola y rica.
Menesterosa entonces
de quien con manos limpias
mi hacienda administrase,
que en huérfanos peligra,
tomóla por su cuenta,
y al paso que crecían
mis réditos y censos,
crecieron sus visitas.
Menguó en vulgares lenguas
la fama, que lastiman
con sombras de verdades
hipócritas mentiras.
Llegaron estas nuevas
despacio a mi noticia,
puesto que siendo malas
suelen llegar de prisa.
Y como la advertencia
después de la puericia

en juventudes nobles
lo lícito limita,
en lo que no lo era,
por refrenar malicias,
quise, si no atajarlas,
honrada, reprimirlas.
Para esto, vergonzosa,
llamé a don Tello un día
y entre vislumbres arduas
examinando cifras,
le dije: «Diligencias
que alientan cortesías
y desinteresadas,
si no empeñan, obligan,
han dado al ocio infame
sospechas y premisas
que a mi opinión se atreven,
que vuestra fama eclipsan.
Ya suele juzgar verde
la nieve quien la vista
por verdes vidrieras
socorre, cuando mira.
¿Qué mucho, si villanos
ociosos nos registran
con maliciosos ojos,
que juzguen a malicia
desvelos de nobleza,
queriendo que se midan
con sus intentos torpes
acciones comedidas?
El veros tan afecto
diligenciar prolijas
agencias de mi hacienda
por vos restituida,

remiso en vuestra casa,
solícito en la mía,
cuidando mis aumentos
y frecuentar venidas,
no siendo nuestra sangre
por vínculos propincua,
la edad ocasionada
en vos y en mí florida;
vos hombre, mujer yo,
y en ellas perseguida
la fama, si nos notan
no os cause maravilla,
que yo os juro, don Tello,
que a no ser presumida
aventurara aciertos
de este confuso enigma.
Porque oficiosas muestras
después de tantos días,
con tal perseverancia
aunque el silencio oprima,
señales acreedoras
por sí mismas me avisan,
que agencias sin retornos
o mueren o se entibian.
Ya yo me he declarado.
Quien debe, y noble libra
hidalgos desempeños,
no quiere trampear ditas.
Los vuestros reconozco
y sé que se acreditan
con el cortés silencio,
que cuando beneficia
el bien nacido, calla;
porque ajustar partidas

de amantes pretensiones
serán mercadurías.
Mirad en este caso
lo que la vuestra arbitra,
y sea desmintiendo
los que nos fiscalizan,
o limitando el verme
y de mi casa y vida,
si administrador, dueño
creciendo a mi amor dichas».
Dije, y él, cortesano,
con lengua agradecida
no osó afirmar con alma,
que tal vez son distintas
palabras de intenciones,
encareció la estima
de mis ofrecimientos,
y con respuesta ambigua
enmarañó esperanzas,
puesto qué ya yo veía
que amante que no otorga
es fuerza que despida.
Partióse a vuestra corte,
y en ella comunica
secretos a don Diego,
cuya amistad antigua
abrió puertas al alma,
si es licito el abrirla
en daño de tercero
quien guarda cortesías.
Dijo, que si me hallase,
volviendo, maravilla
de ausentes con firmeza,
entonces dispondría

su amor y mis deseos;
porque aunque se edifica
de piedras una casa,
se cae si no se habita.
Partió Tello a la guerra,
y mientras se ejercita
en merecer laureles,
acá le descaminan
la paz, curiosidades
que siempre patrocinan
amores, cuando el ocio
a la ocasión prohija.
Habíame alabado
don Tello por la cifra
de hermosas y discretas;
estaba yo ofendida
de necias dilaciones
que plazos diferían,
pecando de groseras
por sobra de advertidas.
Vino don Diego a verme
cuando esta monarquía
por descansar sus hombros
en él su peso alivia;
su amigo fue don Tello;
mas siendo, como afirman,
en ellos sola un alma,
gobierno de dos vidas,
debió tener por cierto
que le pertenecía
la acción de pretenderme;
y para proseguirla
ocasionó frecuencias,
sirvióme algunos días,

correspondíle grata,
sus prendas conocidas,
y el interés de verle,
que con tu alteza priva
me hicieron estimarle
con fe tan excesiva,
que cohechando al sueño
gozaba en él su vista.
Pasáronse dos meses,
volvió, ya reducida
Galicia a tu obediencia,
don Tello a esta provincia;
hallóme ya prendada,
y supo que admitía,
en fe de sus tibiezas,
al dueño de su envidia.
Disimuló pesares
hasta que, vengativa,
su espada en esta caza
le hiere y me lastima.
A tu favor se atreve,
contra mi amor conspira,
y huyendo tus venganzas
las imposibilita.
Despacha, rey, enojos
que vuelen y le sigan,
alas de fuego lleva
la espada de justicia.
Todo el poder lo alcanza;
a Dios, Fernando, imita
la furia de los reyes
que igualmente castigan
agravios coronados,
privanzas ofendidas,

|  | sin reservar lugares |
|--|--|
|  | los rayos de su ira. |

| Fernando | Más siento vuestro pesar |
|--|--|
|  | que el que mi enojo interesa; |
|  | alzad, alzad. |

| Pascual | Pulla es ésa; |
|--|--|
|  | ¿qué diablos tiene de alzar? |
|  | Estése quedo: ¿no veye |
|  | que es nuesa ama? |

| Blanca | Sois rey vos, |
|--|--|
|  | Sol de España. |

| Pascual | Mas, por Dios, |
|--|--|
|  | ¿y que era su merced el reye? |
|  | Somos bestias los villanos. |
|  | No en balde trae otro par |
|  | de manos, que para dar |
|  | todo el reye ha de ser manos; |
|  | deme una pata a besar. |

(Salen don García y don Gutierre.)

| García | Aunque fue grande la herida |
|--|--|
|  | no corre riesgo su vida. |

| Fernando | Todo hoy ha sido azar; |
|--|--|
|  | ¿adónde don Diego está? |

| Gutierre | En esta quinta procura |
|--|--|
|  | la piedad y la hermosura |
|  | de quien hospicio le da |

que el regalo y la caricia
disminuyan su dolor.

Fernando       Cura por ensalmo amor.
Ya, Blanca, tengo noticia
  de que os conocen por dueño
esta quinta y su lugar;
con una acción he de dar
dos saludes al empeño
  de voluntad con que os llama
el herido su acreedora,
y al mal, que siempre mejora
viendo a su prenda quien ama.
  Yo quiero, siendo el doctor,
que de una vez convalezcan:
méritos suyos merezcan
el mío y vuestro favor.
  Hoy le habéis de dar la mano,
que es la más justa venganza
que apetece su esperanza
y vuestro amor.

Blanca             Mucho gano
  en que esté tan por tu cuenta,
gran señor, nuestra ventura,
porque la envidie segura
quien sus principios violenta.
  Pero ¿a quién tengo de dar
la mano que disponéis?

Fernando       ¿Cómo a quién? ¿Vos no queréis
a don Diego?

Blanca           ¿Yo? Obligar

|  | me supo poco don Tello; |
|---|---|
|  | pero en efecto, señor... |

| Fernando | ¿Tenéis a don Tello amor? |

| Blanca | En los ojos puede vello |
|---|---|
|  | vuestra alteza. Si le pido |
|  | venganza de él, ¿de qué suerte |
|  | le tendré amor? Caso fuerte |
|  | es que a don Diego haya herido, |
|  | y que ofendiéndoos a vos |
|  | se ausente y huya seguro. |

| Fernando | Aunque entenderos procuro, |
|---|---|
|  | no os doy alcance, por Dios. |
|  | Si don Diego os ha obligado |
|  | y vos le correspondéis, |
|  | ¿qué más venganza queréis |
|  | que a don Tello desterrado |
|  | y a su enemigo mayor |
|  | dueño vuestro? |

| Blanca | Ya yo sé |
|---|---|
|  | que cuando en posesión ve |
|  | quien ama al competidor, |
|  | se abrasa; y sé que don Tello |
|  | por extremo ha de sentirlo, |
|  | mas no atormenta el oírlo |
|  | tanto, señor, como el vello. |
|  | Venga y muera entre desvelos |
|  | quien nos ofende a los dos. |

| Fernando | ¿No queréis, Blanca, mal vos |
|---|---|
|  | a quien pretendéis dar celos? |

| | |
|---|---|
| Blanca | Con tormentos más extraños<br>satisfaré mi rigor;<br>que estos no son, gran señor,<br>celos. |
| Fernando | ¿Pues qué? |
| Blanca | Desengaños. |
| Fernando | Decís bien; y según eso<br>ninguno cual yo podrá<br>ejecutarlos; ya está<br>quien os ha ofendido preso. |
| Blanca | ¿Quién, señor? |
| Fernando | Don Tello. |
| Blanca | ¿Dónde? |
| Fernando | No está la pena distinta<br>del delito; vuestra quinta<br>al uno y al otro esconde.<br>  Llegó, la espada desnuda,<br>a mi presencia don Tello;<br>humilló a mis pies su cuello,<br>que siempre la ofensa es muda,<br>  y yo, si no vengativo,<br>justiciero, le mandé<br>prender aquí mientras dé<br>don Diego, puesto que vivo,<br>  miedo al peligro. Cortarle<br>pienso, cuando os desposéis, |

|  | la cabeza. |
|---|---|
| Blanca | No querréis,<br>señor, ese premio darle<br>a quien os ha reducido<br>casi un reino amotinado. |
| Fernando | Su fiscal sois y abogado;<br>justicia me habéis pedido;<br>pues ¿cómo alegáis ahora<br>servicios suyos? |
| Blanca | No son<br>indignos de compasión<br>los agravios. |
| Fernando | Pues, señora,<br>o vos le habéis de llorar<br>hoy sin vida a vuestros ojos,<br>o para atajar enojos<br>con vos se ha de desposar. |
| Blanca | Como perdón se le dé<br>los pies mil veces os beso. |
| Fernando | Sosegaos, que no está preso<br>ni aquí. |
| Blanca | ¿Pues dónde? |
| Fernando | No sé. |
| Blanca | ¿Ya engañan las majestades? |

| | |
|---|---|
| Fernando | Siempre que engañan bellezas |
| | importa que sutilezas |
| | desembocen voluntades. |
| |    De la vuestra he colegido |
| | que a título de ofenderle |
| | procurábades tenerle |
| | antes preso que perdido. |
| | |
| Blanca |    Confieso aquesa verdad. |
| | |
| Fernando | Pues para desagraviarla |
| | si intentases disfrazarla, |
| | y es bien premiar voluntad |
| |    de quien arriesgó su vida |
| | por lograr en vos su amor, |
| | y es digno de este favor |
| | mi intercesión y su herida, |
| |    hoy habéis de ser esposa |
| | de don Diego, y yo el padrino; |
| | destierre su desatino |
| | a quien con ira alevosa |
| |    aguarda que yo me pierda |
| | en estas sierras cazando, |
| | y a quien estimo engañando |
| | ofende; así, vos sois cuerda |
| |    y en vuestra discreción funda |
| | su salud quien os adora. |
| | |
| Blanca | ¡Gran señor!... |
| | |
| Fernando |       Más acreedora |
| | es la voluntad segunda, |
| |    que a don Diego confesáis, |
| | que la que don Tello os debe, |

pues a amaros no se atreve
mientras celos no le dais.

Blanca            No es bastante razón ésa
para que...

Fernando            Ved a don Diego.

Blanca    No violente mi sosiego
vuestra alteza.

Pascual                    ¿Reye artesa?

Fernando        Yo gusto de esto.

Blanca                        Alma mía,
contra vos no hay majestad.

Pascual        ¿Reye artesa?

Fernando                    Entrad, entrad.

Pascual        Entre vuesa artesería.

(Vanse todos. Salen tres moros peleando con don Tello, y deteniéndolo Alí
Petrán, también moro.)

Alí            Dejadle, deteneos,
que para tal Alcides sois pigmeos;
por Alá soberano
que vibra Jove rayos en su mano.
¿Hay valor semejante?
¡Bárbaros, retiraos, quitaos delante.

| | |
|---|---|
| Los tres | ¡Muera! |
| Alí | ¿Cómo que muera?<br>A vuestras manos, desdichado fuera.<br>¿Hay más bizarro aliento? |
| Moro I | Cuatro alcaides ha muerto. |
| Alí | Fueran ciento,<br>fueran mil y aún son pocos<br>para el esfuerzo suyo. Apartad, locos,<br>retiraos, o a su lado<br>haréis por fuerza lo que no de grado.<br>¿De cuándo acá, atrevidos,<br>me desobececéis? |
| Moro II | Muertos y heridos<br>piden justa venganza. |
| Alí | ¡Oh, infames! por Mahoma, si os alcanza<br>la cimitarra mía,<br>que habéis de llorar trágico este día. |
| Moro I | Eres príncipe nuestro.<br>Obedecerte es fuerza. |

(Vanse los moros.)

| | |
|---|---|
| Alí | Envidia muestro<br>a tu valor; sosiega,<br>recóbrate, descansa, que no ciega<br>la emulación honrosa,<br>pues también hay envidia generosa. |

| Tello | Mayor me la ha causado |
|---|---|
| | tu noble proceder; ya he respirado |
| | del riesgo que corría, |
| | descanso en brazos de tu cortesía; |
| | porque en el bien nacido |
| | lo mismo es obligado que rendido. |
| | Logra victorias, toma. |

(Vale a dar la espada.)

| Alí | No has de vencerme en todo, por Mahoma; |
|---|---|
| | basta que en lo hazañoso |
| | salgas, Marte cristiano, victorioso. |
| | Envaina el noble acero |
| | y págale mejor, que más te quiero, |
| | cuando obligarte trato, |
| | conmigo armado que con él ingrato. |
| | ¿Adónde ibas? ¿Quién eres? |

| Tello | Yo soy un escarmiento de mujeres; |
|---|---|
| | juego de sus mudanzas; |
| | verdugo de mis mismas esperanzas. |
| | Por una que me quiso |
| | me destierra el amor del paraíso |
| | de su hermosura ingrata; |
| | una inconstancia ausente me maltrata; |
| | una amistad aleve |
| | paga en traiciones la lealtad que debe. |
| | Un rey a quien hechiza, |
| | ciego, sus desaciertos autoriza; |
| | y porque satisfago |
| | injurias, me destierra y llevo el pago |
| | que dan pasiones reales; |
| | mas ¿cuándo se premiaron los leales? |

Yo, moro generoso,
huyo, en efecto, amando por celoso,
por noble vengativo,
por vasallo de un rey ponderativo.
De quejas de privados
que injurian amistades, destemplados,
determiné en Toledo
dar lugar al rigor, sagrado al miedo,
lástima a su rey moro,
contento ausente a la beldad que adoro,
pesar a mis amigos,
venganza a envidias, al amor castigos,
al olvido licencia
y el alma a los peligros de la ausencia.
Partí desesperado,
pues todo es uno, loco y desdeñado;
asaltóme esta tarde
sin oirme, tu campo e hizo alarde
no el valor, la locura,
de enojos que juzgara por ventura.
Pues siendo el morir cierto
más honroso blasón es quedar muerto
a manos de escuadrones
que de olvidos, agravios y traiciones.

Alí          Mucho a tu rey le debo
por el agravio que me avisas nuevo;
mucho a tu falso amigo,
pues mi dicha estribaba en su castigo;
mucho más a tu dama,
pues te conozco porque te desama,
aunque será excelente
si es tan hermosa, como tú valiente.
Si el rigor coronado

vienes huyendo que irritó un privado
y en el rey de Toledo
libras tu amparo, príncipe le heredo.
Alí Petrán me llamo,
Almenón es mi padre, nobles amo,
y a ti, que sobre todos
resucitas blasones de los godos,
la inclinación de Marte
con mi amparo me trajo hacia esta parte;
que no es la vez primera
que me recibe el Tajo en su ribera,
y en sus márgenes rojos
ovación, si no triunfos de despojos,
con risueñas señales
me sale a hacer aplausos de cristales.
Ya han visto mis hazañas
de la ulterior Castilla las montañas,
ya han llorado su estrago
los elevados cerros de Buitrago.
Pero ninguna presa
la fama de mis armas interesa
como la que hoy consigo
en merecer ganarte por amigo.
Marchemos a Toledo,
sino es que amante persuadirte puedo,
a que con diez mil hombres
tu reino asaltes, tu enemigo asombres.
Tu misma patria tema,
Burgos te dé en su silla su diadema,
y asombrando tu fama
te adore por reinar tu fácil dama.

Tello       Príncipe generoso,
de puro desdichado soy dichoso,

dame esos pies.

Alí                           La mano
¿no es mejor? Por Mahoma soberano
que me inclinas a amarte,
de suerte que me atrevo a entronizarte
en la cristiana villa
del reino, antes condado, de Castilla.
¿Quieres hacer hoy prueba
de mi amistad?

Tello                         Mi lauro es que tan nueva
contigo pueda tanto.
La lealtad es blasón ilustre y santo;
nobleza me acompaña,
no ha de infamar segunda vez a España
otro Julián segundo,
oprobio del Bautismo, asombro al mundo.
Reine infinitos años
Fernando, y denle luz los desengaños
que eclipsa un lisonjero;
de cuantos me prometes solo quiero
un favor que me llama
a nueva dicha.

Alí                         ¿Y es?

Tello                        Robar mi dama,
que será fácil cosa;
porque cerca de aquí, ni recelosa
de asalto semejante,
ni con pesar de que olvidó a su amante,
al pie de la Bureva
mora una quinta, donde Flora nueva,

los planteles que pisa
rosas la sirven y la adulan risa.
La soledad ociosa
y la sierra de suyo tan fragosa,
que al cielo besar piensa,
de sí misma presidio es su defensa.
Si de sus sierras altas
franqueamos estorbos, y la asaltas
en el silencio oscuro,
de agravios y de celos me aseguro;
mis pesares mitigo,
venganza cobro, injurio a mi enemigo,
y viendo que pudiera
destruirle este reino si quisiera,
dejándole sin daño,
obligo al rey, si no le desengaño;
con que ofrecerte puedo
perpetua esclavitud, vuelto a Toledo.

Alí             No digas más; mis moros,
mi voluntad, mis armas, mis tesoros
son tuyos; la Fortuna
patrocine tu amor; cubra la Luna
presunciones de plata
aquesta noche a tus intentos grata.

Tello          Pon tus pies en mi cuello.

Alí             Alza y marchemos. ¿Llamaste?...

Tello                          Don Tello.

(Vanse. Salen Casilda, de mora bizarram y Axa mora.)

| | |
|---|---|
| Casilda | Mira si alguno nos vio. |
| Axa | ¿No basta que Alá nos vea |
| | si Mahoma, que desea |
| | que seas reina, se ofendió |
| |    de que lleves cada día |
| | de comer a los cristianos |
| | y que por tus mismas manos |
| | los regales? |
| Casilda |           No sería |
| |    él tan santo y tan profeta |
| | si mostrase indignación |
| | porque tengo compasión |
| | de estos míseros; respeta |
| |    el que es fiel todo retrato |
| | de su príncipe y en él, |
| | ya esté en lienzo, ya en papel, |
| | pena de ofenderle ingrato. |
| |    Mostrar su lealtad procura, |
| | y cuando en él ve su cara, |
| | no en el lienzo vil repara, |
| | sino solo en su figura. |
| |    De Alá semejanza son |
| | los cautivos, Axa mía; |
| | él los conserva y los cría, |
| | y en esto no hay distinción |
| |    de nosotros; poco va |
| | para que yo los estime, |
| | si en ellos su copia imprime |
| | y son retratos de Alá, |
| |    que la materia sea o no |
| | de valor, pues le retrata, |
| | que no al lienzo ni a la plata, |

la imagen respeto yo.

Axa                         Siendo tú princesa.

Casilda                                ¡Ay Axa!
                            ¡quién te pudiera decir
                            cosas que intento encubrir
                            y no puedo! Juzga baja
                               y extraña mi inclinación,
                            que una vez que no piedad,
                            sino la curiosidad,
                            me llevó a ver su prisión,
                               aprendí cosas en ella
                            con que infinitas me obliga,
                            a que los ame y los siga.
                            ¿Podréme yo, prima bella,
                               fiar de ti?

Axa                                     Si me amaras
                            pudieras no me agraviar
                            con tener y recelar
                            secretos en que reparas.
                               ¿Tan poco te estimo yo
                            que cuando, lo que no creo,
                            te arrojara tu deseo
                            a amar a un cautivo?

Casilda                                     No;
                            no, prima, cierra la boca;
                            a todos juntos los amo;
                            pero no por esto infamo
                            mi opinión, liviana o loca.

Axa                         Pues ¿qué tienes que fiarme?

| Casilda | Mira, después que frecuento |
|---|---|
| | el calabozo violento |
| | que compasión pudo darme, |
| | y curiosa de saber |
| | los misterios en que estriba |
| | de tanta gente cautiva |
| | la profesión, llego a ver, |
| | no sé si te diga engaños |
| | de la nuestra. |

| Axa | ¿Estás en ti? |
|---|---|

| Casilda | Será, prima, frenesí |
|---|---|
| | que quiere eclipsar mis años. |
| | Mas nadie ya me persuada |
| | después que en su escuela asisto, |
| | que si es falsa la de Cristo |
| | no es su ley más concertada. |
| | Hallo mil contradicciones |
| | en la de nuestro Alcorán, |
| | y que sus preceptos dan |
| | licencias y no razones. |
| | Si le pregunto a un cristiano |
| | ¿cómo puede ser que Dios |
| | con naturalezas dos, |
| | siendo divino y humano, |
| | sola una persona sea? |
| | con discursos y sentencias, |
| | ejemplos y congruencias |
| | me ocasiona a que lo crea. |
| | No hay tan difícil secreto |
| | en su ley que no permita |
| | disputas con que acredita |

su fe el cristiano discreto.

    Pregunta tú a un alfaquí,
o al morabito mayor,
¿por qué causa, siendo amor
unidad que enlaza en sí

    dos almas, es bien conceda
Alá, contra su decoro,
ley para casarse el moro
con cuantas sustentar pueda?

    Si le replicas diciendo
que el amor pide igualdad
y dando mi voluntad
al esposo que pretendo

    es justo me satisfaga
con un alma toda unida,
entera y no repartida,
que amor con amor se paga,

    responderá: «No hay cuestiones
para eso en mi ley sagrada;
solo consiste en la espada
su verdad, y no en razones».

    Yo defiendo y no disputo.
Pues si no hay más fundamento,
Axa, nuestro entendimiento,
¿en qué difiere del bruto?

    Según aquesta quimera
que discursos no consiente,
el que fuere más valiente
tendrá ley más verdadera.

    De donde, porque te asombres,
saco que es, en conclusión,
mejor ley la del león
que despedaza a los hombres.

| | |
|---|---|
| Axa | Suplícote que no trates<br>en eso, que me das pena. |
| Casilda | Su ley, Axa, será buena<br>mas huéleme a disparates. |
| Axa | Ésa es blasfemia. |
| Casilda | Oye ahora.<br>¿Persuadiráste a creer<br>que Mahoma, para ver<br>los palacios que Alá mora,<br>    suba por una escalera<br>a los siete paraísos<br>que nos vende; y que divisos<br>unos de otros, cada esfera<br>    conforme afirma en la Suna<br>y en el Alcorán, dilata<br>por ellos tanto oro y plata<br>que empobrece la Fortuna?<br>    ¿Tanto diamante y topacio,<br>tanta multitud de perlas<br>que no hay ojos para verlas;<br>tanto jardín y palacio,<br>    tanto arroyo cristalino,<br>que siete cielos regando<br>están perennes brotando<br>néctar, leche, miel y vino?<br>    ¿Aquel árbol que se nombra<br>Tubba, tan grande y frondoso,<br>que descansa deleitoso<br>el cielo todo a su sombra;<br>    de tanta felicidad<br>que cada hoja es un tesoro |

y siendo la mitad de oro
es plata la otra mitad;
   donde el nombre de Alá santo
y de Mahoma está escrito,
sin juzgarle por delito
que un hombre merezca tanto?

   ¿Para qué tapicerías
de púrpura y seda en redes
adornando sus paredes,
donde sin noches los días
   no necesitan de abrigo?
¿Para qué alcatifas tantas,
si estrellas pisan las plantas
de Alá y de quien es su amigo?

   ¿Para qué, si la sed falta,
aquellas dos fuentes bellas
que con cada gota de ellas
de plata, Apolo se esmalta?

   ¿Cómo podré yo creer,
sin que el seso se desmande,
que cada fuente es tan grande
que llega, prima, a tener
   sesenta mil y más leguas?
¿Hay disparate mayor?
¿Y que ofrece en derredor,
por dar al cansancio treguas,

   más tazas y vasos, prima,
que tiene estrellas el cielo,
donde bebe sin recelo
quien sus deleites estima?

   ¿Donde la torpeza goce
vírgenes, si es que lo son,
las que en lasciva afición
el vicio torpe conoce;

donde comiendo de modo
que nunca el manjar enfada,
para el alma no haya nada
siendo para el cuerpo todo?
   ¿Persuadiráse el discreto
que es felicidad tener
necesidad de comer
siendo en los vicios defeto?
   ¿Que necesite escalera
para subir a gozar
la gloria que le han de dar
el moro que en Alá espera?
   Anda, prima.

Axa                       No disputo
en lo que manda Mahoma.

Casilda   Consiste en que beba y coma
la gloria torpe del bruto,
   no del alma, cuyo ser
es substancia inmaterial
que estriba intelectual
en amar y en entender.
   Ríete de aquel banquete,
donde coronando al vicio,
desde el día del juicio
nuestro Alcorán nos promete
   tanto manjar sazonado,
tanto vino generoso,
tanto vestido curioso,
tanto joyel esmaltado,
   dando por postre un limón
a cada moro que huela
y abriéndose —¿hay tal novela?—

salga de él, con perfección
   extraña, una dama hermosa
que con su moro se enlace
y en fe que le satisface,
con vida torpe y ociosa,
   sin dividirse los dos,
estén así cincuenta años;
¿son dignos estos engaños
de la pureza de Dios?

| | |
|---|---|
| Axa | Señora, tú estás perdida. |
| Casilda | Yo, prima, me ganaré. |
| Axa | ¿Que mucho que Alá te dé,<br>siendo a su ley atrevida,<br>   la enfermedad que padeces? |
| Casilda | Antes por favor la estimo,<br>pues los intentos reprimo<br>de mi padre, cuantas veces<br>   me pretende dar empleo,<br>que es intolerable pena<br>llorarme después ajena<br>si a mí misma me poseo.<br>   Vete y déjame gozar<br>a solas mis pensamientos;<br>para el triste no hay contentos<br>como el no comunicar<br>   discursos si no es consigo. |
| Axa<br>(Aparte.) | Voime, pues tú me lo mandas.<br>(Amor, que riscos ablandas,<br>si sospechas tuyas sigo, |

                    la princesa se enamora
                    de algún cristiano que preso
                    le ha mudado, como el seso,
                    el alma, pues ya no es mora.
                        Yo averiguaré verdades,
                    puesto que bastantes son
                    para su averiguación
                    tristezas y soledades.)

(Vase Axa.)

Casilda            Pura esfera de cristal,
                    cómuniquemos las dos
                    a solas; un solo Dios
                    sé que hay, por luz natural.
                    Píntamelo corporal
                    la ley de nuestro profeta,
                    que a deleites se sujeta,
                    que come y bebe entre flores,
                    que en materiales amores
                    almas y cuerpos inquieta.
                        Enséñame la razón
                    que si amor se comunica
                    aquí es porque fructifica
                    la humana propagación;
                    no hay allá generación
                    de individuos, porque estriba
                    su gloria en que eterno viva
                    quien el alma le dirige,
                    pues ¿por qué lo torpe elige
                    y de lo casto nos priva?
                        Díceme la ley cristiana
                    que en estos cautivos miro,
                    misterios de que me admiro

y casi a su fe me allana.
Una deidad soberana,
pura, limpia y absoluta
me enseña con qué refuta
del moro los fundamentos,
un cielo sin elementos
que el tiempo jamás disfruta.

   Una inmaterial limpieza
que el alma llega a tener
ocupada siempre en ver
de Dios la naturaleza;
la beatífica pureza
en que su gloria se funda;
una claridad que inunda
potencias, que deja en calma,
sobrándole tanto al alma
que hasta en los cuerpos redunda.

   No se come, no se bebe,
que allá fuera imperfección,
en fogosa suspensión
solo a ver su Dios se mueve.
Lo eterno juzga por breve
sin que se canse en mirar
de Dios el inmenso mar
donde fin no se conoce,
porque por mucho que goce
le queda más que gozar.

   Todo esto está bien fundado;
todo parece seguro,
porque lo casto y lo puro
me causan notable agrado.
Solo inquieta mi cuidado
el persuadirme a entender
que un solo Dios pueda ser

uno y tres, sin que ninguno
de aquestos tres sea del uno
distinto. ¡Extraño creer!
   Un Dios simple y no compuesto
en tres personas me pinta
su ley, cada cual distinta
y cada cual un supuesto.
¿De qué suerte ha de ser esto
para que su fe me cuadre?
Una persona que es padre
y origen de todo el bien,
con un hijo, pues ¿en quién
le engendra, no habiendo madre?
   ¿Un hijo de luz sagrada
que siempre engendra este abismo
siempre se queda el mismo
sin añadírsele nada?
¿Habrá quien me persuada
no ser el engendrador
en tiempo y edad mayor
que el hijo y cuando le hereda,
que de uno y otro proceda
otro que todo es amor?
   ¡Tres con una voluntad!
¡Tres con un entendimiento!
¡Tres de un solo pensamiento
y en tres sola una deidad!
¿Quién me dará claridad
para no dudar después?
Cielo, que mis ansias ves,
enséñame de estos dos
cuál es verdadero Dios.

(Salen dos cautivos con azadones.)

**46**

| | |
|---|---|
| Cautivo I | Digo que es uno y son tres<br>    y que he acertado el enigma. |
| Casilda | ¡Válgame el cielo! ¿Quién da<br>respuesta a mis dudas? Ya<br>haré de vos más estima<br>    ley santa. |
| Cautivo II | Ganáis en fin,<br>y que os premien es razón<br>por sabio. |
| Casilda | Cautivos son<br>que están regando el jardín,<br>    sus palabras son apoyos<br>de esta verdad evidente. |
| Cautivo I | ¿No salen de aquella fuente<br>distintos los tres arroyos<br>    que dan a estos cuadros vida? |
| Cautivo II | Negarlo fuera ignorancia. |
| Cautivo I | ¿No es de una misma substancia<br>el agua en ellos unida<br>    aunque distintos los ves?<br>Luego siendo su pureza<br>una, en la naturaleza<br>serán uno siendo tres. |
| Casilda | En este ejemplo se fragua<br>mi certidumbre, ay mi Dios,<br>¿quién podrá unirme con vos |

para gozaros?

Cautivo I
　　　　　　　El agua
fue del enigma sujeto.

Cautivo II
Venid, que entra Alí Petrán
victorioso capitán.
Verémosle.

Cautivo I
　　　　　　　Yo os prometo
　que aunque a Castilla destruye
y tantos ha cautivado,
su piadoso y noble agrado
valor de príncipe arguye.

Cautivo II
　　　　　Vamos, verémosle entrar.

(Vanse los cautivos. Música. Todo el monte, desde la mitad arriba se abre y queda como chapitel de una torre, levantado; descúbrese en su centro una sala adornada por arriba y por abajo de sedas, y en medio, sobre unas parrillas, desnudo, San Vicente, mártir, abrasándose.)

Casilda
Agua que tiene eficacia
de alcanzarme vuestra gracia,
¿dónde la tengo de hallar?

Vicente
　　　Aquí.

Casilda
　　　　　¡Ay, cielos! una sierra
abierta por la mitad,
da a mis dudas claridad
y mis errores destierra.
　¡Qué majestuoso centro!
¿Quién es aquél que se abrasa

y tantos incendios pasa
fénix de paciencia dentro?
　　¿Hay más deleitoso espacio?
El risco que ya es dosel
le sirve de chapitel
y su interior de palacio.
　　¿Podré yo saber de vos
quién sois, y tener sosiego?

Vicente　　　Casilda, por agua y fuego
se alcanza el reino de Dios.

Casilda　　　　Ya a su doctrina obediente
la ceguedad no me ofusca.

Vicente　　　Vicente soy. Hija, busca
los Lagos de San Vicente,
　　porque si en ellos te bañas
de la enfermedad que tienes
sanarás.

(Cúbrese.)

Casilda　　　　　¡Qué extraños bienes
escondéis, bellas montañas!
　　Muerta por buscaros quedo;
mis dichas os hallarán.

(Dentro.)

Voces　　　¡Viva nuestro Alí Petrán
por príncipe de Toledo!

(Música y cajas de dentro.)

| Casilda | Vivid Señor, reinad vos. |
| | ¡Ay Lagos! Si a veros llego |
| | sabré que por agua y fuego |
| | se alcanza el reino de Dios. |

Fin de la primera jornada

## Jornada segunda

(Salen el Rey moro, doña Blanca, Alí Petrán, y don Tello.)

Rey            ¿Qué importa que mi corona
su jurisdicción me ofrezca
en la ciudad que blasona
imperios godos, y crezca
con triunfos que Alá ocasiona?
     ¿Qué de la circunferencia
de España, centro se llame,
y en su apacible eminencia
pródigo el cielo derrame
lo mejor de su influencia?
     ¿Qué importa haber extendido
el imperio que he adquirido,
por todo lo que no enfrena
fragosa Sierra Morena,
Guadarrama presumido;
    que me tribute Sevilla;
Córdoba a mis pies postrada,
cuando ofrecen a mi silla
parias el rey de Granada,
treguas el rey de Castilla,
     si todo lo que interesa
la gloria de mi corona,
tanto triunfo, tanta empresa,
lo desluce y desazona
el mal de vuestra princesa?
     ¿Posible es que Alá permita
que en tan hermosa presencia
tanta enfermedad compita?
No sé si su providencia
ofende y desacredita;

sé a lo menos que afectara
blasón de deidad severa,
si como suele ser rara
maravilla permitiera
que siempre el Sol se eclipsara.
　¿Para que tan extremada
belleza en Casilda, rosa
fresca a un tiempo y maltratada,
si cuando la admiro hermosa
la lloro siempre eclipsada?

Tello　　No es mucho que vuestra alteza
pondere así tanto daño,
que yo que vi su belleza,
de ley y nación extraño,
le acompaño en la tristeza
　¿Es posible que no habrá
remedio?

Rey　　　　　Ya no le espero.
Arabia médicos da
por ser patria del primero;
pero la salud Alá.
　Un Avicena ha ofrecido
Córdoba; en ella han nacido
un Rasis, un Almanzor;
mas fue su fama mayor
que sus efectos han sido.
　No he dejado diligencia
en todos sus profesores,
mas esta invisible ciencia
en estatua y en doctores
vende sola la apariencia.

| | |
|---|---|
| Alí | Hipócrita es el que ignora<br>efectos de su doctrina. |
| Rey | Dices bien, pues siendo ahora<br>morisca la medicina<br>no la halle la infanta mora.<br>   Treguas, don Tello, me pide<br>vuestro rey que le concedo,<br>solo por vos, como olvide<br>enojos, y de Toledo<br>os permita, aunque lo impide<br>   su privado, que salgáis<br>a su gracia reducido.<br>Violento en mi reino estáis,<br>puesto que en él aplaudido<br>de los moros que obligáis.<br>   No se quiere desposar<br>aquí vuestra dama bella;<br>es tormento el esperar<br>dichas que libráis en ella<br>y aquí no podéis lograr.<br>   Iréis a Burgos los dos,<br>aunque a ser tan cuerdo vos<br>como sois enamorado,<br>temiérades de un privado<br>la enemistad, que si es Dios<br>   casi un rey, con tan profunda<br>pasión, no sé en que se funda<br>el amor que os desespera<br>siendo Dios causa primera<br>y obrando por la segunda;<br>   por la de un privado digo. |
| Tello | De doña Blanca, señor, |

el orden y gusto sigo.

Alí           Es primer móvil amor
              y puede más que un amigo;
              yo lo soy vuestro y en fe
              de que estimo este blasón,
              a vuestra patria asalté,
              y dándola confusión
              vuestra dama os entregué.
              Seis meses ha que asistís
              en Toledo y desmentís
              pesares y competencias
              que os causaran impaciencias
              en Castilla. Si os partís,
              iréis, don Tello, advertido
              de la voluntad que os muestro,
              y sin ponerla en olvido
              siempre seré amigo vuestro,
              pero mal correspondido.

Tello           Eso no, que soy leal;
              a quedarme estoy dispuesto
              sirviéndoos.

(Dentro.)

Axa                      ¡Terrible mal!
              ¡Triste pérdida!

Rey                      ¿Qué es esto?

(Sale Axa y después Casilda.)

Axa           Un accidente mortal,

señor, robarnos procura
con la infanta, la hermosura
del más generoso mayo;
disfrazada en su desmayo
la muerte, a su edad perjura,
   en flor nos lleva esta rama,
y la sangre que es su vida
no sé por qué la desama,
pues ingrata y homicida
por el suelo se derrama
   Aquí el Sol por ella llora.

(Descúbrese la Santa Casilda en una silla, desmayada.)

Tello        Gualda es ya, la que clavel.

Rey          ¡Casilda!

Alí              ¡Hermana!

Blanca              Señora.

Rey          Contigo el cielo cruel
rubíes llueve y no es aurora;
   hija, que, en fin, se eclipsó
el Sol que a Toledo dio
luz más clara que el Oriente.

Casilda      Ay, Lagos de San Vicente,
¿cuándo os he de gozar yo?

Rey             Amanezca alegre el día
segunda vez en tu cara,
cesará la muerte avara

que en tinieblas nos tenía.
    No hay médico ni aforismo
que así al enfermo asegure,
por más que recete y cure,
como el que padece el mismo,
    si resistiendo a la muerte
y dando aliento a la vida
pasiones del alma olvida
y sus tristezas divierte.
    Hazlo, mi Casilda, así;
no añadas al mal molesto
suspensiones, que con esto
me darás salud a mí.

Casilda
    ¡Ay padre y señor, que en vano,
cuando el mal se ve de lejos
suele mal lograr consejos
en el que padece el sano!
    Un solo medio me ofrece
el cielo para sanar,
pero hásmele de negar,
y así por instantes crece.
    Pues que no he de conseguirle,
el remedio es padecer.

Rey
Remedio y en mi poder,
¿y tú rehusando el pedirle?
    Sin razón mi amor olvidas.
Pide a Toledo desde hoy,
que en albricias te le doy
solo de que me le pidas.

Casilda
    Has de juzgarme indiscreta
mientras no le dificulto,

si cuerda no le consulto
aunque salud me prometa.
   Este cristiano es prudente
y en tu servicio leal,
fiaré de su caudal
todo lo que el alma siente,
   y sabré de él esta tarde
si estará puesto en razón
decirte mi petición.

Rey                Todo pedir es cobarde.
   Sed, don Tello, consejero
de la infanta, persuadilda
a que es padre de Casilda
un rey con todos severo;
   con ella no. Ay, si por vos
cobra salud, no es bastante
premio un reino. Ven, Infante.

Tello             ¿Qué es esto, válgame Dios?

(Vanse el Rey, Alí Petrán y Axa por una parte, y los demás por otra.)

Blanca          ¿Qué oís, temor indiscreto?
¿La Infanta a don Tello a solas?
Celos, si amenazáis olas,
mil naufragios me prometo.
   ¿Que por difícil no diga
el remedio de su daño
la Infanta? ¡Ay recelo extraño,
cuando ia tristeza obliga!
   Todo el pecho enamorado
y triste a la infanta veo.
¿Dudaré de su deseo

que el alma al amor ha dado?
   Y si enamorada está,
¿podré dudar yo tampoco
que de su apetito loco
no es don Tello el dueño ya?
   Mi sospecha es evidente.
¿No dijo: «Por ser leal,
fiaré de su caudal
todo lo que el alma siente»?
   Pues con él, ¿qué ha de sentir
—cielos— a solas un alma
que tiene la lengua en calma
para no se descubrir
   a su padre y solo fía
de don Tello sus desvelos?
Amor, si crecéis con celos
ponzoñosa madre os cría.

(Sale Axa.)

Axa                Blanca, en fe de la amistad
que he profesado contigo,
si es que con ella te obligo,
confiésame una verdad.
¿Tienes mucha voluntad
a don Tello?

Blanca                Mereciera
que ninguna le tuviera
a quien amante se llama
y osa, Axa, robar su dama
porque forzada le quiera.
   Por esta sola ocasión
no me desposo en Toledo

con él, porque nunca el miedo
hizo firme una afición.
Diránme, y tendrán razón,
que si aquí le doy la mano
es por temerle tirano
de tu rey favorecido,
y que mereció atrevido
lo que nunca cortesano.

Axa           Y si a Castilla te lleva,
¿querrásle mucho?

Blanca                    ¿Quién duda?
Con los afectos se muda
amor, que méritos prueba.

Axa     En fin, ¿le adoras?

Blanca                  No es nueva,
Axa, en mí esa voluntad;
mas, si te digo verdad,
yo te juro que no ha un hora
que le amaba menos que ahora.

Axa    ¿Cómo?

Blanca        La seguridad
se entibia aposesionado
el amor que después crece
en los peligros que ofrece
la sospecha y el cuidado.

Axa    ¿Tienes celos?

| | |
|---|---|
| Blanca | Hanme dado |
| | no sé que vislumbres de ellos. |
| | |
| Axa | ¿Son de mí? |
| | |
| Blanca | Tus ojos bellos |
| | bastaran, Axa, a engendrallos, |
| | mas no son celos vasallos |
| | cuando Altezas miro en ellos. |
| | |
| Axa | ¿Celos de la Infanta? |
| | |
| Blanca | Digo |
| | que no son más que vislumbres |
| | o asomos de pesadumbres. |
| | |
| Axa | Declárate más conmigo. |
| | |
| Blanca | No sé de qué fui testigo, |
| | que por más que me atormente |
| | a mí misma me desmiente; |
| | pero, dime, ¿quién te envía |
| | con tanta instancia, Axa mía, |
| | a que mis cosas te cuente? |
| | Algo debe de importarte |
| | el saber si quiero o no |
| | al contenido. |
| | |
| Axa | Hago yo |
| | de cierto ausente la parte. |
| | Impórtame preguntarte |
| | cosas para su sosiego. |
| | ¿Quisiste bien a un don Diego, |
| | de tu rey favorecido, |

                        por ocasión tuya herido?

Blanca                  Algo, sí; no te lo niego.

Axa                         ¿Y en qué te desmereció
                        ese algo, Blanca, que escucho,
                        don Diego?

Blanca                              En llegar un mucho
                        con que ese algo se olvidó.
                        Don Tello se me ausentó,
                        y dándome por esposo
                        a don Diego, fue forzoso
                        en fe de que soy mujer,
                        lo fácil aborrecer
                        y amar lo dificultoso.

Axa                         De todo lo dicho advierto
                        que don Diego es ya el querido
                        y don Tello aborrecido;
                        aquél dudoso, éste cierto.

Blanca                  Hubieras dado en lo cierto
                        según en nuestro amor pasa,
                        mas como en celos se abrasa
                        mi pecho, que es todo extremo,
                        amo a Tello porque temo
                        que se me quiere ir de casa.
                            Mas ¿no sabré yo a que efeto
                        es tan larga información?

Axa                     Cosas que te importan son
                        fiadas de mi secreto.
                        Blanca, si es tu amor discreto,

fériame a Tello y tendrás
otro que te estime más.
Por dueño suyo te adora
nuestro príncipe; señora
de esta corona serás.
    Reina te eligen los cielos,
como tu amor lo permita.

Blanca　　　No es cuerdo quien solicita
voluntad que abrasan celos.
Son de suerte sus desvelos,
por más que los aconsejan,
que del remedio se alejan;
y quedando el gusto en calma,
como ocupan toda el alma,
nada para el otro dejan.

Axa　　　　Pues repare tu desdén
en que Alí Petrán te adora,
y la infanta mi señora,
quiere a tu don Tello bien;
en que don Diego también
asiste aquí disfrazado.

Blanca　　　¿Quién?

Axa　　　　Don Diego, a quien he dado
las llaves de mi sosiego.
Templa del príncipe el fuego,
porque es locura pensar
que hemos de dejarte amar
ni a don Tello ni a don Diego.

(Vase Axa.)

| Blanca | ¿De tres en tres los recelos |
|---|---|
| | y no las dichas, Fortuna, |
| | si quiera de en una en una? |
| | ¿Dos competencias, dos celos? |
| | Unos de don Tello —iay cielos!— |
| | que si los lloré vislumbres, |
| | ya pasan de pesadumbres, |
| | pues cuando ofender intentan |
| | celos en duda atormentan |
| | y matan en certidumbres. |
| | Por más que me solicite |
| | el príncipe es disparate |
| | que vencer mis penas trate |
| | mientras con celos compite. |
| | Allane tropiezos, quite |
| | estorbos a mi sosiego, |
| | podrá ser logre su fuego; |
| | que mal me podrá obligar |
| | no permitiéndome amar |
| | ni a don Tello ni a don Diego. |

(Vase doña Blanca. Salen Casilda y don Tello.)

(Salen Casilda y don Tello.)

| Casilda | Tan satisfecha en oírte, |
|---|---|
| | tan persuadida en creerte, |
| | tan pronta en obedecerte |
| | y tan dispuesta a seguirte |
| | estoy, cristiano discreto, |
| | después que te comunico |
| | que en tu ley me certifico |
| | y a su yugo me sujeto. |

Dichosa yo que merezco
llamarte, maestro mío.

Tello        Si yo, infanta, como fío
en el cielo, a Dios te ofrezco,
    ¿qué más bien?

Casilda                    Siéntate aquí.

Tello        Mira mi desigualdad.

Casilda      Descansa mi enfermedad
con alivios que hallo en ti.
    Siéntate, Tello, a mi lado
que quiero mostrar si sé
los misterios de la fe
que el alma me han alumbrado;
    pero ley que el mundo adora
merece veneración
en pie.

Tello                    ¡Qué cuerda razón!

Casilda      Oye, Tello: escucha ahora.
    Dios, conforme me enseñaste,
que es principio sin principio,
substancia sin accidentes,
fin sin fin, todo infinito,
solo una simplicidad,
un ser, un acto sencillo,
una forma sin materia,
una entidad, un distrito
sin límites, no causado,
no en tiempo, no producido,

**64**

de sí solo dependiente,
de sí solo comprendido,
antes que de los tesoros
de su amor diese al prodigio
de tantas esferas ser,
no forzado, porque quiso,
primero que eslabonase
con asombroso artificio
esos cielos, elementos,
planetas, astros y signos,
influencias, calidades
y especies que en individuos
se fuesen perpetuando,
ya insensibles y ya vivos,
estaba solo en sí solo,
siendo asiento de sí mismo
su mismo ser, que no ocupa
Dios lugares circunscritos.
Todo está en Dios y él está
en sí, porque lo infinito
por esencia es necesario
que solo de sí sea sitio.
Y aunque solo, no por eso
en sus eternos retiros
estaba incomunicable,
pues conversando consigo,
entendiéndose y amándose,
sin cansancio, sin fastidio,
obra necesariamente;
que el ocio en Dios fuera vicio.
Con todo eso, pudo tanto
en él su amor excesivo,
que para comunicarse
a lo mortal y finito

cuando fue su voluntad,
sin que hubiese más motivo
que su libre providencia,
crió todo el laberinto
de lo celeste y terreno:
Sol, Luna, planetas, signos,
estrellas, esferas, polos,
elementos, mares, ríos,
hierbas, plantas, flores, frutos,
selvas, prados, valles, riscos,
con todo lo que contienen;
y en la cumbre del empíreo,
de substancias incorpóreas
nueve ejércitos distintos.
Eran éstos de palacio
y la cámara continuos
del Monarca omnipotente
asistentes y ministros.
El más hermoso, pues, de ellos,
que con tantos requisitos
de gracias y perfecciones
naturales en el vidrio
de su estimación liviana
se miró primer Narciso
de sí mismo enamorado,
contra su autor, presumido,
juzgó, necio, a menoscabo
dar el respeto debido
al príncipe su señor
después de haberle previsto
un supuesto y dos substancias,
y que a fuerza de suspiros
y opresión de sus retratos
su deidad humana quiso.

Soberbio, pues, el lucero
contra el Sol —¡qué desatino!—
osó amotinar parciales
y de rebeldes caudillo,
tocó cajas contra Dios,
cómplices de su delito
la tercer parte de estrellas
que ya asombran basiliscos,
dióse la campal batalla
en palestras de zafiros,
el ¿Quién como Dios? venciendo
del alférez paraninfo.
Cayó el querub contumaz
relajado al sambenito
de llamas, que eternamente
son mordaza de precitos.
Como es incapaz de enmienda
el ángel nuestro enemigo,
y lo que una vez aprende
jamás lo pone en olvido,
y que no pudo vengarse
de quien le echó eternos grillos,
contra el hombre, su retrato,
fulmina flechas y tiros.
Gozaba Adán, vice Dios,
aunque formado del limo
y organizado del polvo,
si en la materia abatido,
de un espíritu inmortal,
de una alma, que siendo tipo
de la primera substancia,
ya en lo uno, ya en lo trino,
de una forma y tres potencias
imperaba en el dominio

de la ínfima redondez
amado como temido.
Acompañábale hermosa
aquel doméstico hechizo,
costilla antes, ya mujer,
uno y otro tan unidos,
que siendo hueso de huesos,
carne de carne indivisos
al conyugal sacramento
dieron fecundos principios.
La justicia original,
sin fómite ni incentivo,
fue el privilegio rodado
con que tan nobles los hizo,
que sin pagar a las leyes
pecho, solo les previno
con el reconocimiento
de un árbol del Paraíso
que les vedó reservado;
pena que si atrevido
el hombre le profanase
fuese mortal su castigo.
E ángel dragón entonces,
envidiando el ver tan digno
lo humano que le heredase
las dichas que había perdido,
transformándose en serpiente
la torpe blasfemia dijo
de aquel «Seréis como dioses
si dais rienda al apetito».
Acometió la mujer como
al más flaco portillo,
sin atreverse, cobarde,
al consorte discursivo.

Comió Eva, y el amor,
más que el engaño, al fin vino
con elocuencias de llanto
a despeñar al marido;
delinquieron contra Dios,
y como se opuso al mismo
la culpa —infinita ya
es cuanto lo relativo—
quedamos tan sin remedio
todos sus humanos hijos,
que los que mejor libraban
eran rehenes del Limbo.
Compadecióse el Amor,
y viendo que era preciso
que un Dios hombre a Dios le diese
por infinito infinito,
humanóse el Verbo eterno,
y redimiéndonos quiso
ser deudor, siendo acreedor,
pagándose a sí consigo.
Vistióse mortalidades,
trabajos, calores, fríos,
oprobios, persecuciones,
destierros, hambres, martirios,
en el intacto obrador
del más puro vellocino
de la más cándida oveja
que vio el Sol, que adoró el siglo.
Dando, pues, ésta la lana
y el telar, si humano limpio,
organizó el Paracleto
aquella Paloma armiño,
toda amor, ternura toda,
al Verbo, el terreno hospicio,

alojamiento de un alma
que unió la Deidad consigo.
Solo el Espíritu amante
fue su autor, que no intervino
causa parcial eficiente
de varón así lo afirmo.
María dio materiales
y el amor tejió los hilos,
quedando entera la pieza
de que se cortó el vestido.
Atropéllanse misterios
aquí, estórbanse prodigios
unos a otros que agotan
el discurso más activo.
Concibió virgen el Alba,
parió virgen a Dios niño,
quedó virgen después de esto,
que como era el Sol divino
el Hombre Dios, ilustrando
a aquel cristal, a aquel vidrio,
los rayos de su substancia
pudo, sin abrir camino,
penetrándose dos cuerpos,
desmentir nuestros sentidos;
tres substancias y una unión
formaron un solo unido,
la divina, la corpórea
y la del alma, ¿hay tal mixto?
Espíritu puro el alma,
barro el cuerpo quebradizo,
Dios el supuesto de entrambos,
¿quién vio en actos tan distintos
tal unidad de diversos?
¿Tal distinción de propincuos?

¿Tal parentesco de extraños?
¿Tal conformidad de abismos?
Tomó la naturaleza
humana el Verbo divino
mas no la humana persona
porque ésta halló ya impedido
por el eterno supuesto
su lugar, que a confundirlo
con dos personas no fueran
una cosa el Verbo y Cristo.
En efecto, este Hombre Dios,
apenas se vio nacido,
cuando a precio de granates
compra de nosotros hizo,
derramólos al día octavo,
adoráronle pellicos,
postráronsele coronas,
huyó amenazado a Egipto,
volvió después de dos años
y llorándole perdido
su Virgen madre. A los doce
trocó penas en jubilos
viéndole infante maestro
entre sabios aplaudido.
Catedrático por claustro
de tanto jurisperito
salió en público de treinta
a poner en ejercicio
la restauración del orbe,
tentóle el dragón precito,
venció le a los tres combates,
dio al tálamo patrocinio
honrando con su presencia
las bodas que antes bendijo.

Hizo aquel protomilagro
del agua, que vuelta en vino
tantos misterios encierra,
materia dio a tantos libros.
Santificó del Jordán
los raudales cristalinos,
dando testimonio el Padre
al mundo de que era su Hijo.
Soltó la presa después
su amor tierno y excesivo
a tanta suma de asombros,
milagros y beneficios,
que si todas las esferas
sirvieran de pergamino,
sus estrellas caracteres,
tinta los mares y ríos,
manos cuantas nacen hojas,
plumas cuantas viven nidos,
desmayaran al sumarlos,
pasmaran al escribirlos.
Juntó los legados doce,
los setenta y dos discípulos,
Pedro futura tiara,
los demás del orbe obispos.
Permitió que le vendiese
el apóstol fementido;
sacramentóse primero
y hallándose de camino
para su Padre, quedarse
a irse supo a un tiempo mismo.
Sudó en el huerto licores
purpúreos, que los delitos
humanos le antecedieron
aflicciones y fastidios.

Prendióle la ingratitud,
dejáronle sus amigos,
rasgaron su cuerpo a azotes,
dióle corona un espino.
Llevó en la cruz nuestras penas,
vióle el rigor suspendido
rogando por sus contrarios.
¡Oh amor de Dios inaudito!
Dejó a su madre en custodia
de Juan, allí vice Cristo,
quedando con su adopción
mejorado en tercio y quinto.
Oyó al salteador infame
blasfemias y desatinos,
ganando al bueno por serlo
el cielo de prometido.
Intimó su desamparo
al Padre, y el pueblo impío
dándole vinagre y hiel
delito añadió a delito.
Sed de pasar más tormentos
le obligó a decir el sitio
de más hiel, de penas más,
y viendo el plazo cumplido
de la redención del hombre,
libertando a sus cautivos.
«Acabóse», dijo a todos,
del vil tirano el dominio.
Penetró su voz los cielos
y con clamoroso grito
el espíritu dio al Padre
y a los hombres finiquito
de tanto infinito empeño,
pues tácitamente dijo

al inclinar la cabeza:
«Pagado estoy, yo lo afirmo.»
(Baja aquí la cabeza.)                    Conmovióse lo criado;
sintió el Sol aquel deliquio
sobrenatural, tan nuevo
que aun hoy asombra a Dionisio.
Ilustró los calabozos
prisión de los bien nacidos,
despejando dadivoso
un seno de los dos Limbos.
Tres días durmió cadáver
sin ser hombre, dividido
lo corporal de su forma
aunque uno y otro divinos.
Resucitó al cabo de ellos
ya impasible, ya vestido
de gloria y eternidad,
penas volvió en regocijos.
De su iglesia y de su madre
incrédulos satisfizo,
instituyó sacramentos,
puerta de ellos el bautismo.
Subió a la diestra del Padre
en lenguas de fuego. Vino
aquel tercero de amores
no engendrado, procedido.
Promulgó su ley a todos,
bañó el consagrado río,
que da la primera gracia,
al orbe nuevo y antiguo.
Congregación de los santos
tiene aquí, que son arrimos
de la barca militante,
pilotos de sus peligros,

doctores que nos enseñan
yugo leve con que unirnos,
preceptos que nos declaran
pontífices y concilios.
Volverá segunda vez
a juzgar muertos y vivos,
para premio de los buenos
y de los malos castigo.
Esto es lo que me enseñaste,
esto adoro, aquesto elijo,
corrígeme en lo que yerro
y dame, Tello, el bautismo.

Tello               No adquirida, no estudiada
es la doctrina que has dicho,
ciencia infusa te dio el cielo,
por su doctora te admiro.
Mas, quedo, ha entrado gente.

Casilda            Pues ven, Tello, que es fastidio
de mi descanso el tratar
sino es de Dios; mis cautivos
querrán comer, su socorro
es mi amoroso ejercicio.
Llevarélos, como suelo,
ocultamente el alivio
ordinario, vuelva Dios
por su pena y mi peligro,
que es riguroso mi padre.

(Vanse los dos.)

(Salen doña Blanca y Axa.)

**75**

| | |
|---|---|
| Axa | ¿Estás contenta? ¿no has visto<br>sombra a Tello de la Infanta,<br>ingrato, Blanca, contigo?<br>¿Negarás que no se quieren? |
| Blanca | Negaré que basiliscos<br>con solo la vista maten,<br>pues no muero y esto miro;<br>desengaños son venganzas,<br>venganzas son desatinos,<br>desatinos hace un loco,<br>loca estoy, perdí el juicio.<br>Dime adónde está don Diego<br>que si a Toledo ha venido<br>a satisfacer su agravio<br>como vuelva por los míos<br>le daré... |
| Axa | ¿Qué piensas darle? |
| Blanca | ...un alma que sacrifico<br>a la desesperación. |
| Axa | ¿Para qué, si yo le rindo<br>otra que es de más quilates?<br>Compite, Blanca, conmigo<br>y envidiarás mis victorias. |
| Blanca | ¡Ay cielos! la muerte envidio;<br>daréle al Príncipe moro,<br>como me vengue, el dominio<br>de mi libertad y fama,<br>satisfaré sus suspiros,<br>mate a don Tello, y querréle. |

(Vase doña Blanca. Sale Alí Petrán.)

Alí              ¿Qué es esto?

Axa                           Agencias que libro
                 en las medras de tu amor,
                 la Infanta halló en los bajíos
                 de su salud derrotada,
                 si no remedios, alivios;
                 a don Tello quiere bien
                 y él la paga agradecido,
                 pondera tú, como hermano,
                 si esto es virtud o delito.
                 Doña Blanca está celosa,
                 véngala, y haráte digno
                 de su amor, que éste obligado
                 crece gigante de niño.
                 No pierdas esta ocasión
                 pues ves cuán bien he cumplido
                 con la agencia encomendada
                 dichosa en ver que te sirvo.
(Aparte.)        (¡Ay Tello, con qué quimeras
                 mis celos ejecutivos
                 buscan remedio a mi agravio,
                 y qué en vano los resisto!)
                 Vengaréme de la Infanta
                 mientras con Blanca compito,
                 que no es poco dar en tierra
                 de dos, con un enemigo.

(Vase Axa.)

Alí              Si Axa ha sido testigo

de que Tello a mi hermana ama,
quien no fue fiel con su dama,
¿podrá ser leal amigo?
Sea castigo
de su ingratitud, la mía:
ame a la infanta en quien fía
su esperanza;
sea premio la venganza
de su poco firme fe;
consentiré,
ella mora y él cristiano
que a mi hermana dé la mano
porque Blanca me la dé.

(Sale don Tello.)

Tello       ¿Qué nuevas causas de enojos
dan ocasión a la ira
de Blanca, que si me mira
fulminan rayos sus ojos?
   ¿Sin hablarme cuando pasa
junto a mí?

Alí               ¿Tello?

Tello              ¿Señor?

Alí       Dícenme que un nuevo amor
tus pensamientos abrasa,
  y a ser verdad, sentiré
descréditos de firmeza
que en nota de tu nobleza
te culpan de poca fe.

| | |
|---|---|
| Tello | ¿Yo, Príncipe, amor que nuevo<br>tenga de mudable fama? |
| Alí | Tal vez como amor es llama<br>y ésta se muere sin cebo,<br>   faltándola el interés<br>hasta en los nobles se apaga. |
| Tello | Amor con amor se paga. |
| Alí | ¿Amor con amor? ¿No ves<br>   que cuando a lo deleitable<br>se junta lo provechoso<br>suele un pecho codicioso<br>rendirse a lo interesable?<br>   Páguese amor con amor<br>no más, si otro amor se hallase<br>que con ese amor juntase<br>intereses de valor,<br>   ¿cuál de los dos te parece<br>que discreto admitirás?<br>¿Amor con amor no más?<br>¿O amor con amor que ofrece,<br>   de más a más una alteza<br>que a majestad casi aspira? |
| Tello | Amor que intereses mira<br>no es amor. |
| Alí | ¿Pues qué? |
| Tello | Vileza. |
| Alí | ¿Pues qué será la intención |

con que tu fe, aunque cristiana,
deja a Blanca por mi hermana?

Tello          ¿Por quién, señor?

Alí                         Tu afición
           me contaron fidedignos
           testigos.

Tello                     Querrán ponerme
           mal contigo.

Alí                       Nunca duerme
           la envidia en ojos indignos.
              Pero quien me dio este aviso
           es de mucha calidad.

Tello      Bien pudiera la beldad
           de la infanta al más Narciso
              hacer que de sí olvidado
           se rindiera a su hermosura;
           pero cuando mi ventura
           despeñara mi cuidado,
              y el ver que es hija de un Rey
           de quien amo me apartara
           y por ella profanara
           los preceptos de mi ley,
              su virtud, su honestidad,
           es tan digna que se estime,
           que con verla se reprime
           la más torpe voluntad;
              no haga agravio vuestra alteza
           a mi fe y a su valor.

| | |
|---|---|
| Alí | ¿Cómo no? Tenla tú amor |
| | y usúrpame mi grandeza. |
| | No disimules conmigo; |
| | ámala, dala la mano; |
| | llámate, Tello, mi hermano |
| | como te llamas mi amigo. |
| | Yo te aseguro temores, |
| | no trueques la profesión |
| | de tu antigua religión, |
| | que bien lograrás amores, |
| | aunque de ley diferente; |
| | yo te casaré con ella. |
| | |
| Tello | A no ser Blanca tan bella, |
| | yo tan fiel, tú tan prudente, |
| | tan poco afecta tu hermana |
| | a todo lo que desdice |
| | su honestidad, contradice |
| | a la permisión cristiana |
| | el favor que te agradezco. |
| | Yo adoro a Blanca, señor. |
| | |
| Alí | En fin, ¿no tienes amor |
| | a la infanta? |
| | |
| Tello | No merezco |
| | apetecer tal empleo, |
| | ni cuando posible fuera |
| | que tal dicha mereciera |
| | diera riendas al deseo. |
| | |
| Alí | Pues, Tello, yo soy tu amigo, |
| | y aunque tengo voluntad |
| | a tu dama, la amistad |

**81**

ha de poder más conmigo.
   Pártete al punto con ella;
tu Rey, a mi intercesión,
te vuelve la posesión
de tu patria; no he de vella
   por no ocasionarte enojos
que temo me hagan torcer
de intentos y parecer
tiranías de sus ojos;
   joyas y tesoros torna
con que generoso vivas.

Tello             Señor, pues ¿de ti me privas?

Alí              Hoy has de irte —¡por Mahoma!
   Hoy tengo de ser espejo
de amigos.

Tello                     Tu gusto haré.

Alí              Di que el reino te dejé,
pues a tu Blanca te dejo.

(Vanse. Salen la santa Casilda y Pascual, de cautivo.)

Pascual        Sí, señora; de zagal
a doña Branca servía
en la Bureba aquel día
que el pobre de Juan Pascual
   se apartó de Mari Pabros,
y a enmoriscar me trujeron.

Casilda        No llores.

Pascual                  ¿Qué, que no lloren?
                 ¿Si mas vemos entre diabros
                     de mastines, con perdón,
                 donde ninguno se ve
                 que rezando a San Noé
                 se encomienda a san Jamón?
                     Si ella sopiera, señora,
                 las gracias, la donairía
                 que Mari Pabros tenía,
                 renegara de ser mora
                     y huera cristiana vieja.

Casilda (Aparte.)    (¡Qué sencillez!)

Pascual                      Cuando hilaba,
                 ¡con la sal que mas contaba
                 al hogar una conseja!
                     Y dormiéndose después
                 —que hué brava roncadora—
                 más el candil en media hora
                 hilaba que ella en un mes.
                     ¿Pues qué si el brazo desnudo
                 la espetera estropajaba?
                 con media azumbre lavaba,
                 y aun menos, todo un menudo.
                     Era limpia a maravilla,
                 al cura se le perdió
                 la escofieta y la hallé yo
                 cenando en una morcilla.
                     Cuajares la vieron her
                 que se espantara de oíllos,
                 rellenar supo obispillos
                 que Papas pudieran ser.

| Casilda | Ahora bien, Pascual; de ti,<br>pues que con don Tello estás,<br>me fío, presto tendrás<br>libertad, espera en mí<br>  y saca la provisión<br>que a las cautivos llevemos,<br>pues seguros entraremos<br>a consolar su prisión.<br>  Nadie ahora nos verá. |
|---|---|
| Pascual | Pardiez, que es, señora mía,<br>piadosa su morería;<br>aquí una banasta está<br>  llena de roscas y queso,<br>de carne, arroz y verdura. |

(Sacan una canasta llena de platos, pan y legumbres que Pascual traslada en una cesta curiosa, y cúbrenla con unos manteles.)

| Casilda | Pues trasladarlo procura<br>en esotra. |
|---|---|
| Pascual | Sí, que el peso<br>  de esotra es demasiado<br>para su delicadeza<br>y quebrará, si tropieza,<br>la loza. Mas como ha dado<br>  en que por sus mismas manos<br>los quiere dar de comer,<br>apricarlo es menester. |
| Casilda | Quiero mucho a los cristianos. |
| Pascual | Helo aquí todo compuesto, |

y los manteles encima.

(Salen el Rey moro y Axa.)

Rey                     Axa, ¿qué dices?

Axa                             Que estima,
no sé si con fin honesto,
  la infanta a don Tello más
que a su ley, padre y hermano;
que quiere más a un cristiano
que a Toledo.

Rey                        Ciega estás.

Axa                    Todas las noches les lleva
por sus manos de comer,
si ahora lo quieres ver
haz por tus ojos la prueba.
  A buen tiempo te he traído
por que de dudas te saque;
lleno lleva aquel tabaque
de relieves que ha escondido
  de tu mesa, para dar
de comer a los cristianos;
cógela el hurto en las manos.

(Llévanlo los dos, cada uno por una asa y sáleles al encuentro el Rey.)

Pascual           Dambos lo hemos de llevar,
  porque ella sola no basta.

Rey                  ¡Por Mahoma, que he de ser
su verdugo!

Pascual                           Que comer
                         tienen bien en la canasta
                           y que cenar.

Rey                                  Detén, loca,
                         los pasos con que me afrentas.

Pascual          Rematamos con las cuentas.

Casilda          ¡Padre y señor!

Pascual (Aparte.)                 (Tapaboca
                         con padre y señor le da.)

Rey              ¿Qué es lo que lleváis ahí?

Pascual          Si me lo pescuda a mí,
                 padre y señor, la verdá
                   es que ni yo lo endilgué,
                 padre y señor, ni cocí
                 la carne, ni el arroz, ni,
                 padre y señor, lo compré.
                   Yo señor, padre y señor,
                 porque yo, señor y padre,
                 Gila Alonso hué mi madre,
                 Mari Pabros con amor
                   me dijo par dell molino,
                 pero aún no era mi mujer;
                 ello si la quiere ver
                 no tien pizca de tocino.

Rey                  ¿Qué desatinos son éstos?
                 ¿Tú sustentar los cristianos?
                 ¿Tú, torpe, infamas tus manos?

|        | ¿Tú en amores deshonestos<br>con los que aborrece Alá? |
|--------|--------------------------------------------------------|
| Casilda | Reprime, señor, la ira;<br>detén la cólera, mira. |
| Rey | Tus insultos miro ya.<br>   No busques excusas nuevas;<br>sustento das y favor<br>a los cristianos. |
| Casilda |                Señor,<br>advierte... |
| Rey |          ¿Qué es lo que llevas<br>ahí? |
| Casilda |        Flores que he cogido<br>para divertir tristezas.<br>¡Mi Dios, de vuestras grandezas<br>haced alarde! |
| Rey |          Ofendido<br>estoy más de tus mentiras<br>que de tu bárbaro insulto;<br>pero mal estará oculto<br>si al cielo no le retiras.<br>   Descubre, Axa, vuelca, arroja,<br>esa infame provisión. |

(El suelo del tabaque, o canasta, se quita por debajo del tablado, y por el mismo lugar se llena de flores y hierbas diversas que vuelca después Axa.)

| Casilda | Ahora verás si son |
|--------|--------------------|

flores todas; quien te enoja
contra mí y da pesadumbres
no te estima como yo.

Pascual (Aparte.)　(Pardiobre, que se volvió
nuesa comida en legumbres.)

Rey　　　　　　Válgame Alá, ¿estás contenta,
Axa envidiosa?

Axa　　　　　　　　Corrida,
loca, confusa, perdida
estaré con tanta afrenta.

(Dase con las flores por el rostro y manos.)

Rey　　　　　　La fragancia que me ofrecen,
lo aromático que exhalan,
al paso que me regalan
mis canas rejuvenecen.
　Del cielo vino este olor
que aquí no los hay iguales;
primaveras inmortales
te han tributado su flor.
　Su Amaltea hacerte quiso,
imperio tienes en él,
mayo eres de su vergel,
abril de su paraíso.
　Dame los brazos, no dudes
de cuanto pedir quisieres.
Flora has sido, serás Ceres
como en frutos flores mudes.
　Pídeme dificultades
con que el agravio redima

que te hice.

Casilda
El cielo estima
sencilleces y piedades.
   En la palabra que ofreces
te tengo hoy de ejecutar,
no me lo osarás negar
si mi salud apeteces.

Rey
   Por Alá, por su profeta
y por ti —que iba a decir
que eres más que él— de cumplir
cuanto me pidas; discreta
   eres, por fuerza ha de ser
lo que apetezcas decente.

Casilda (Aparte.)
(¡Ay, Lagos de San Vicente,
y qué presto os pienso ver!
   Vamos, diréte en secreto
la merced que me otorgaste.)

(Vase Casilda.)

Rey
Mi senectud remozaste,
flores, por vos me prometo
   nueva vida.

Axa
Yo estoy loca.
¡Ay, envidias infelices!

Pascual
Cautivos, a las narices
podéis hoy pasar la boca.

Fin de la segunda jornada

## Jornada tercera

(Acompañamiento y el Rey Fernando por una puerta; por otra moros, don Tello, Axa y Santa Casilda, de mora.)

Casilda          Déme vuestra majestad
la mano.

Fernando        Dé vuestra alteza
parabienes a Castilla,
pues ha merecido verla
ennoblecer su corona
desde hoy, con razón soberbia;
pues usurpa el Sol al Tajo
trasladándola a sus sierras.
Deudor quedaré a los baños
desde hoy, puesto que no sepa
el sitio que los oculta
ni las virtudes que encierran.
Pues merezco por su causa
que la hermosura posea
de vuestra alteza, Castilla,
temerosa ya en perderla.
Ojalá, Casilda hermosa,
la fama que los celebra
la salud os restituya
que ofende vuestra belleza.
Estimarélos yo en más
que cuantas preciosas venas
por los cuerpos de estos montes
oro en vez de sangre engendran.

Casilda        No dudo yo, gran Fernando,
que en provincia donde reina

un príncipe tan afable
salga la esperanza cierta
que los cielos me aseguran;
no en humanas experiencias
estriba mi confianza,
pocas veces verdadera;
impulsos más superiores
me sacaron de mi tierra
y al rey, mi padre, inclinaron
el permitirme a la vuestra
donde a vos su dueño os llaman;
donde en la paz y en la guerra
vive la seguridad,
por ser vos quien la gobierna.
¿Quién duda que también
viva la salud, si ya comienza
a retirarse, con veros,
la causa de mis tristezas?
Ya yo por puntos mejoro.

Tello          Y yo, que en vuestra presencia,
gran señor, patrocinado
de la infanta tengo puestas
todas mis felicidades
en serviros, si licencia
me dais, diré la embajada
con que vengo.

Fernando                Alzad de tierra;
alzad, don Tello, decid.

Tello          El Rey Almenón, que intenta
trocar en perpetuas paces
con vos estas breves treguas,

la mitad del alma os fía
y con la Infanta os entrega
el reino que el Tajo abraza
y estima en poco sin ella.
Lágrimas y persuasiones,
que es la mayor elocuencia
que en la mujer amor puso,
le bastaron a hacer fuerza
para dividir de sí
el apoyo en que sustenta
la duración de sus canas,
que remozaba con verla.
El príncipe Alí Petrán,
que sucediendo en la herencia
después de él de su corona
es blasón de la nobleza,
estaba ausente en Sevilla
cuando el sentir que padezca
su padre amoroso eclipse
la luz de Casilda tierna,
y que el abril de sus años
malogre las flores frescas
del más gallardo vergel
que esmaltaron primaveras,
al llanto permitió hechizos
con que la infanta no deja
hora ni instantes al ocio
en que no le intime quejas
amorosas por los baños
que, de su salud profetas,
dice que esconde Castilla,
cifrando en ellos sus medras.
Afirma que el cielo mismo
con misteriosas promesas

le pronosticó en sus aguas
saludables evidencias;
que es imposible cobrarla
de otra suerte, y si desea
su bien, será menos daño
llorarla ausente que muerta.
Convocó el rey los alcaides
de Madrid y Talavera,
Guadalajara y Ocaña,
Alcalá, Yepes y Cuenca.
Propúsoles este asunto,
y aunque opiniones diversas
ya afirman, ya contradicen,
finalmente se sujetan
al gusto de quien los manda,
porque la lisonja lleva
en todos los tribunales
la razón tras la potencia.
Concluyóse, en fin, la paz,
gran señor, con vuestra alteza,
pidiendo en esta jornada
vuestra permisión, y de ella
obligado y satisfecho
su expedición me encomienda.
Por su embajador me envía,
con palabra de que vuelva
brevemente a restaurarle
la vida con la presencia
del alma que se le aparta,
de la luz que se le ausenta.
Despidiéronse los dos
y ella, que, toda clemencia,
de los cautivos cristianos
aliviaba las miserias,

pidiendo su libertad
al padre piadoso, deja
despojadas las mazmorras,
inútiles sus cadenas.
Dos mil de Toledo saca,
que ya en su patria se alegran,
digna que tal redentora
en anales permanezca.
El rey de Toledo, en fin,
gran Fernando, para muestras
de la fe con que os obliga
y la amistad que os profesa,
os remite cien caballos
que, con otras tantas yeguas,
Córdoba al Betis usurpa,
Toledo admiró en su vega;
cien acémilas cargadas
de los desvelos del Persa,
de los esquilmos del Parto,
de los tesoros de Grecia,
de los metales monarcas,
granas, alcatifas, telas,
a vuestros pies reales postra;
y porque en su estima venza
las dádivas de Alejandro,
pródigo os da en una prenda
la mejor de su corona,
la mayor de sus riquezas,
el alma y vida en la infanta,
que es cifra de sus grandezas.

Fernando     Cuerdamente habéis sabido,
don Tello, aplacar ofensas,
pues servicios semejantes

                                    más obligan que destemplan.
                                    ¿Adónde está doña Blanca?

Tello                               En la villa de Briviesca
                                    goza de dos libertades:
                                    la del cuerpo la primera
                                    a su patria reducida,
                                    y la del alma, que exenta
                                    de las pensiones de amor
                                    ya es señora de sí mesma.

Fernando                            ¿No sois vos esposo suyo?

Tello                               No, señor.

Fernando                                    ¿Por qué?

Tello                                              No fuera
                                    lícito en provincia extraña,
                                    sin vuestro gusto y licencia.

Fernando                            Pues ¿cómo decís agora
                                    que, libre ya, su alma reina
                                    de sí misma, si es que os ama?

Tello                               Mudanzas la dicha alteran
                                    del mar del primer amor.
                                    Como cansa la asistencia,
                                    y yo siempre la he servido,
                                    ya me olvida.

Fernando                                    Su extrañeza,
                                    don Tello, ha de estaros mal;
                                    porque aquí la competencia

de don Diego os ha de hacer
mal tercio, que adora en ella.
Yo os restituyo a mi gracia;
y aunque a la suya quisiera,
dudo que en jurisdicciones
de amor poder un rey tenga.
Notable ocasión perdiste;
pues cuando las aprovecha
todo solícito amante
malograste las de ausencia.
O servidla u olvidadla,
que yo, sin haceros fuerza,
neutral con don Diego y vos,
y atento a las diligencias
del que fuera más feliz,
premiaré al uno con ella.
Y vos, infanta y señora,
sin extrañar diferencias
de leyes y de regiones,
juzgaos en la patria vuestra,
que si allí fuisteis infanta,
en Castilla seréis reina,
dichoso todo mi estado
en que serviros merezca.

Casilda    Segura yo de la fama
que justamente celebra
vuestro valor, me dispuse
a experimentarla y verla.
Ni a mi patria ni a mi padre
echo menos, que ofendiera
el favor que os reconozco
si me juzgara en la ajena.
Por mi padre os tengo yo

y como tal me conceda
licencia, que solo busque
estos Lagos, vuestra Alteza.
Yo sé que impiden hallarlos
ostentaciones soberbias
de aplausos y compañías;
el cielo me dio sus señas
y él mismo inclina mis pasos
para que mis diligencias
sin presunciones humanas
hallar su sitio merezcan.
Esta merced os suplico.

Fernando    Admire nuestra tibieza,
infanta, vuestro fervor,
y no se impida esta empresa;
por mí, con vos Tello vaya,
y como a mí os obedezcan
cuantos lugares y villas
gozaren vuestra presencia.
Que si, como en Dios confío,
vuestra fe saliese cierta
y hallando el agua admirable
que ignoramos, tengo nuevas
de vuestra salud, mi corte
os recibirá a la vuelta
con triunfos que satisfagan
mis deseos y sus fiestas.

Casilda    El cielo, invicto Fernando,
la monarquía os conceda
de España, que dividida
en tantos reinos, tragedias
del godo infelice llora,

para que en vuestra cabeza
totalmente restaurada
a su antiguo esplendor vuelva.

(Vanse el Rey y los suyos.)

Axa                    Solo un mes, prima mía,
                de plazo dio tu padre a la porfía
                con que aquí hallar esperas
                estos Lagos —mejor diré, quimeras—
                pues que te descaminas
                por patrias y regiones peregrinas.
                Busquémoslos, si es cierto
                que esconde tal milagro este desierto.
                Que, ya, Infanta, en sus valles,
                ya en sus montes, remedio y salud halles,
                o ya, conforme creo,
                quimérico te engañe tu deseo,
                el término cumplido
                nos hemos de volver.

Casilda                          Quien me ha traído
                hasta aquí sin recelo
                de tanto inconveniente, que es el cielo,
                nunca, prima, se estrecha
                en límites humanos; satisfecha
                estoy, aunque te asombres
                de hallar salud aquí, ya que en los hombres
                se muere mi esperanza;
                ¿qué sabes tú si estriba en la tardanza
                que Dios tiene dispuesta
                mi salud? Lo difícil mucho cuesta.
                Ya un mes, un año aguarde
                el bien; si viene, nunca llega tarde;

ojalá la fe mía,
discurriera sin vuestra compañía
por estas soledades,
hallara en ellas yo felicidades
que, por la vuestra ciega,
me las dilata el cielo o me las niega.

Axa          Ya estás, prima, entendida;
ya yo la causa sé de tu venida;
no en lagos mentirosos
estriban tus deseos amorosos,
que éstos imaginados
encubridores son de tus cuidados.
Lagos, sí, que de llamas
ilícitas te encienden, pues que sé que amas
a don Tello, de suerte,
que el honor atropellas y la muerte.
Celos de doña Blanca
en Castilla te abrieron puerta franca,
por ver que si venía
con ella, y tu esperanza enflaquecía;
con ilusiones vanas
del rey tu padre enterneciste canas,
y disfrazando engaños,
hechizos diste a sus postreros años,
para que permitiese
que consigo don Tello te trajese.
Doña Blanca, ofendida
de ti, y don Tello que por ti la olvida,
apenas de su tierra
pisó la raya, cuando se destierra
de agravios que a la vista
ofenden más; don Tello, en fin, asista
a tus ojos, que en ellos

duplicarás por ser cristal los Tellos.

Tello
Axa atrevida, enfrena
la lengua torpe de malicias llena.
¿Qué has visto en mí y la Infanta
que pueda ocasionar blasfemia tanta?

Axa
He visto que te adora,
que olvida nuestra ley; que Blanca llora
tu ingratitud y olvido;
que a su padre y hermano, fementido,
pagas el ampararte
en su reino, y ahora asegurarte
la patria, hacienda y vida
en robarle la infanta que perdida
por ti con torpe llama
su ley, su sangre y su corona infama.

Casilda
Mi Dios, a Vos os toca
mirar por mi opinión contra esta loca,
que su malicia muestra;
por mi causa volved, y por la vuestra.

(Vuela la Santa Casilda. Dentro dice una Voz.)

Voz
Sí haré, Casilda mía.
No te merecen, ven, y en mí confía.

Tello
¿Qué es esto, cielos santos?

Axa
Hechizos tuyos son; serán encantos
de tu ley que nos vende
traiciones por milagros; ya se entiende
el fin de tus cautelas.

| Tello | Paloma pura que amorosa vuelas |
|---|---|
| | a la estación segura |
| | donde vive sin riesgos la ventura, |
| | ¿por qué cruel conmigo? |
| | Alas tiene mi amor, las tuyas sigo. |

(Vase don Tello.)

| Axa | ¿Su amor sigue su vuelo? |
|---|---|
| | Luego es ya certidumbre mi recelo; |
| | luego para gozarla |
| | con hechizos intenta remontarla. |
| | ¡Ay rabiosas sospechas! |
| | Al vuelo los matad, tiradlos flechas; |
| | mas ¿qué flechas mayores |
| | que celosas venganzas y rigores? |
| | Yo haré que en vez de espigas |
| | cubran los campos armas enemigas; |
| | despoblaré a Toledo |
| | por que a Castilla, al mundo, ponga miedo. |
| | Provocaré esta injuria |
| | al príncipe y al rey a tanta furia, |
| | que con su gente toda |
| | renueve el llanto a la tragedia goda. |
| | Marchemos a Toledo, |
| | que si con celos viva llegar puedo, |
| | verá Fernando presto |
| | el peligro mortal en que está puesto, |
| | y que, si en él se apoya, |
| | será Casilda Elena, Burgos Troya. |

(Vase Axa.)

(Salen Alí Petrán y Abén Rogel, moros.)

Alí
           No hay fiar en amistad
de cristiano, pues salió
falsa la de Tello; no
en prendas y calidad,
    de nobleza castellana.
Engañóme fementido,
Tello, desagradecido;
llevóme el honor y hermana;
    que así paga beneficios
quien respetos atropella.
Amaba yo a Blanca bella,
y por deslumbrar indicios
    de mi pena y no agraviarle,
de suerte incendios reprimo
que a que la ausente le animo,
¡qué mal hice en no matarle!
    Pues corriendo por su cuenta
correspondencias de amigo,
yo con su dama le obligo
y él con mi hermana me afrenta.

Abén
           No injuries, príncipe, así
la virtud más conocida
que dio a la alabanza vida.
Míralo bien, vuelve en ti.
    La infanta es toda pureza,
su padre el rey, todo amor;
Fernando, todo valor;
don Tello, todo nobleza.
    Ciegamente satisfaces
la fama de tu opinión.
Con esa imaginación

no quiebres, señor, las paces
  con Fernando establecidas,
que si en su poder está
la infanta, ocasión tendrá
en que vengarse.

Alí                              No hay vidas
  en toda la cristiandad
que puedan venganza darme.
En vano intentas templarme
con quimeras su amistad.
  Rompió don Tello conmigo,
de la infanta enamorado;
mi amistad ha profanado
por llevársela consigo.
  Fingió lazos milagrosos
que al rey mi padre engañaron;
que me ausentase aguardaron,
traidores y cavilosos.
  ¿Qué lagos, qué aguas divinas
tiene Castilla excelentes
que en mortales accidentes
aseguran medicinas?
  ¿Son en Toledo distintos
cristales de más virtud?
Si hay aguas que den salud,
fuentes tiene de jacintos
  Toledo, donde pudiera,
cuando los venera España,
la infanta que nos engaña
cobrar la salud que espera.
  Más oro que peces cría
nuestro Tajo en sus arenas,
que para aliviar sus penas,

curar su melancolía,
si ella no fuese mudable,
dieran remedio a su mal;
que el Tajo, todo cristal,
también es oro potable.
Tello y Casilda me ofenden.
En Cristo la infanta adora,
ni el rey Fernando lo ignora
ni es bien, aunque lo pretenden,
que desmienta mi recelo
mientras venganza no toma
de todos tres. ¡Por Mahoma,
que he de postrar por el suelo
cuantas poblaciones dan
a Fernando la obediencia!
No se fíe en la clemencia
Castilla de Alí Petrán.
¿Qué gente hemos cautivado?

| | |
|---|---|
| Abén | Trescientos, que a tus enojos |

Abén      Trescientos, que a tus enojos
          sirven de tristes despojos,
          y la paz ha descuidado
          de Toledo con Castilla.

Alí       Yo mismo tengo de ser
          su verdugo; yo verter
          su sangre, yo destruílla.
          Lavaré esta tarde en ellos
          mi injuria; al cielo pluguiera
          que tantos Tellos hubiera
          como hoy pienso segar cuellos,
          que con todos no apagara
          la sed que ocasión me da
          a su muerte.

Abén          De aquí está
no lejos Guadalajara;
    venderlos será mejor
en ella, si pagar quieres
tus moros, que hay cien mujeres
y treinta niños. Señor,
    templa tu enojo, enriquece
con la presa a tus soldados.

Alí           Al paso que mis cuidados,
la venganza de ellos crece.
    Atadlos todos, dejad
que imagine en cada cuello
una Casilda y un Tello,
oprobio de la amistad.

Abén             Véngate, pues, riguroso.
Tu acero en su sangre baña
si es digna tan torpe hazaña
de un príncipe generoso.

(Vase Abén Rogel. Quédese Alí Petrán y luego sale nuestra señora, Santa María.)

Alí              ¡Oh, cobarde! ¿tú también
me injurias? Por Alá santo
que tengo de ser espanto
del bautismo en cuantos ven
    mis ojos. No me mitigues
piedad hasta aquí afectada.
Triunfe de ingratos mi espada.

(Quiere entrarse Alí, la espada desnuda. Ábrese al paso una higuera, y entre las ramas se aparece nuestra señora Santa María. cáese Alí asombrado, e hinca la rodilla. Quédase con la espada como amenazando a la imagen.)

María          Petrán, ¿por qué me persigues?

Alí            Todo el cielo sea conmigo.
               ¿Qué hielo es el que me abrasa?
               ¿Qué fuego en nieve traspasa
               el alma que en él mitigo?
                  ¿Quién eres, luz milagrosa,
               formidable y apacible,
               suave cuando terrible,
               tierna cuando rigurosa?
                  ¿Quién eres, que tal espanto
               has puesto en el alma mía
               que tiembla?

María                       Yo soy María,
               a quien tú persigues tanto.
                  Contra estímulos del cielo
               vana resistencia haces.

Alí            Saulo afirman que hizo paces
               con Cristo postrado al suelo
                  cuando otro tanto le dijo,
               si es bien que crédito dé
               a ministros de su fe.

María          Ése es Dios, y ése es mi Hijo.

Alí               Ése por ti mi fe adora.
               ¿Qué quieres hacer de mí?

| María | Un Saulo segundo. |

| Alí |             En ti |
|      | mi ventura se mejora. |

| María |          Cristiano quiero que seas, |
|       | que a servirme te apercibas, |
|       | que en esta soledad vivas, |
|       | que el amor que en Blanca empleas |
|       |  lo mudes en mí. |

| Alí |                Favor |
|     | digno de esa enano franca, |
|     | vos sois pura, vos sois blanca, |
|     | vos las medras de mi amor. |
|     |  Con vos, cándida Señora, |
|     | la nieve que aurora pisa, |
|     | comparada es etiopisa; |
|     | la noche ella, vos la aurora. |
|     |  Soldados, alcaides, gentes, |
|     | moros, venid a admirar |
|     | un árbol que sabe dar |
|     | por fruto el Sol en su oriente. |
|     |  Estrellas lleva por flores |
|     | que exhalan aromas samios, |
|     | celebrad epitalamios, |
|     | exagerad mis amores, |
|     |  alcaides, moros, cautivos. |

| María | No te canses en llamarlos, |
|       | mi vista pudo asombrarlos, |
|       | pocos de ellos huyen vivos; |
|       |  libres mis cautivos gozan |
|       | la patria que les negaste. |

| | |
|---|---|
| Alí | Los rayos que fulminaste |
| | enamorando destrozan; |
| |    causado han contrario efecto |
| | Señora, en ellos y en mí. |
| | |
| María | Quiérote yo solo a ti, |
| | que el firme amor es secreto; |
| |    finezas son voluntades, |
| | y éstas méritos subliman; |
| | los que se aman más estiman |
| | que imperios las soledades. |
| |    En ésta quiero que asistas. |
| | Tu hermana, de mi Hijo esposa, |
| | sierras habita amorosa. |
| | Hoy sale en ellas a vistas. |
| |    Imítala tú oficioso, |
| | pues por mi prenda te elijo; |
| | ella esposa de mi Hijo |
| | y tú de su madre esposo. |
| |    Aquí has de vivir, Petrán, |
| | para blasón del bautismo, |
| | conquistador de ti mismo, |
| | de mi imagen capellán. |
| |    Yo propia he de bautizarte. |
| | |
| Alí | ¡Hay tan inmortal favor! |
| | Ministro tendré mejor |
| | que el Hombre Dios si en tal parte |
| |    la primer gracia me das |
| | que las almas eterniza, |
| | pues si a Cristo Juan bautiza |
| | a mí su madre, que es más. |
| |    ¿Pero adónde hallar podremos |

agua que materia dé
al principio de su fe
si seco este valle vemos?

María        Más puedo yo que Moisés,
que soy de Jesé la vara.
Fuente milagrosa y clara
brotará el campo a tus pies.
　Vente a bautizar en ella.

Alí         Esferas de eterno ornato,
suplid hoy el aparato
de mi bautismo; luz bella
　del Sol, sírveme esta vez
de vela sobre la fuente
de tu globo transparente.
Aurora, tu candidez
　de la pureza me vista
que la gracia al alma da;
lluevan los cielos maná
en que el pan de amor asista,
　que es mazapán verdadero
que al bautismo da eficacia;
la paloma, toda gracia,
será la sal y el salero.
　El manantial perenne
del Uno y Tres, que ya adoro,
será el aguamanil de oro
pues de Él todo el bien nos viene.
　Serafines y querubes,
de luz argentando el viento,
honren mi acompañamiento
sobre carrozas de nubes,
　que la mayor jerarquía

bien puede venir por vos,
donde es el padrino Dios
y me bautiza María.

(Música. De dos nubes bajan al tablado seis ángeles, tres de cada una, con masapán, vela, salero, fuente, capillo y aguamanil. El mismo árbol baja hasta poner en el tablado a Santa María; éntranse en dos hileras, detrás ella y a su lado el príncipe Alí Petrán.)

María                    Todos los que has convidado
quiero yo que honra te den.

Alí                     Racimos de luz se ven
que el Olimpo han despoblado.

María                    A quien es mi Capellán
de esta suerte sé yo honralle;
ven, y llámese este valle
de tu nombre, Sopetrán.

(Vanse los dos. Salen Pascual y Carrasco, villanos.)

Pascual                 ¿De aquí a ocho días?

Carrasco                     Sin duda.

Pascual                 ¿Mari Pabros y Gilote?

Carrasco                Mari Pabros con su dote.

Pascual                 ¿Se me muda?

Carrasco                   Se te muda.

| | |
|---|---|
| Pascual | ¿Y que se chere casar? |
| Carrasco | Herlo de semana espera. |
| Pascual | ¿Hasta que el otro se muera? |
| Carrasco | Hasta llegarlo a enterrar. |
| Pascual | ¿Con Gilote? |
| Carrasco | ¿Pues con quién? |
| Pascual | ¿Mari Pabros? |
| Carrasco | Mari Pedros. |
| Pascual | Verá el diabro con los medros<br>que sale quien chere bien.<br>Idvos, que me chero ahorcar. |
| Carrasco | ¿Cuándo? |
| Pascual | ¿Qué diabrós sé yo?<br>¿Que se mudó? |
| Carrasco | ¡Se mudó! |
| Pascual | ¿Mari Pabros? |
| Carrasco | ¡Pescudar! |
| Pascual | Pues ya mi engaño quillotra<br>la venganza más extraña<br>que ha vido nuesa montaña. |

**112**

| | |
|---|---|
| Carrasco | ¿Cuál es? |
| Pascual | Casarme con otra. |
| Carrasco | Si pudieses bien harías. |
| Pascual | Pues ¿por qué no han de poder?<br>Olalla es moza y mujer.<br>Mas, en fin, ¿de aquí a ocho días<br>se matrimeñan los dos? |
| Carrasco | Su tía lo ha concertado. |
| Pascual | ¿La del ojo arremangado? |
| Carrasco | Ésa. |
| Pascual<br>(Vase Carrasco.) | Maldígala Dios.<br>Marica, pues te mudaste<br>en medio año que tardé,<br>a tu boda cantaré<br>que no hay [otro aquí] quien baste. |
| (Canta.) | «Contra la voluntad grande porfía<br>de un Gil, de Mari Pabros y su tía.» |

(Baja Mari Pablos las peñas hilando y canta.)

| | |
|---|---|
| Mari | «De hoy en ocho días si le prace a Dios<br>¡hu, hu, hu, los dos, hu, hu, hu, los dos!» |
| Pascual | ¿Los dos? Mal año y mal mes;<br>sí, hilad, hilad: Bercehú |

vos hile; cantá el ¡hui ihu!
que muy buena hillaza hacés.
    Echá tela para el dote
y de mí no se vos liembre;
hilad, que muy buen urdiembre
haredes vos y Gilote.

Mari                        ¿Pascualillo? ¿Pascualejo?
                           ¿Pascualote el mi llorado?
(Baja.)                    ¡Que no estabas cativado!
                           No me cabe en el pellejo
                               el gozo: embracíjame.

Pascual                   Arredraos, la engilotada,
                          que muy gentil ensalada
                          habéis hecho, sí a la he.

Mari                         Si enfinito no te chero,
                          si más por ti no he llorado
                          que un andalubio ñublado,
                          que todo un diciembre entero,
                              que junto al hogar un bizco,
                          que cuando cebollas topo,
                          que en un entierro un guisopo,
                          que un arroyo por un risco,
                              mala landre...

Pascual                              En ocho días,
                          si le prace, prace a Dios,
                          ¡hu, hu, hu, hu, hu, hu, los dos!

Mari                      Endiviné que venías
                              a la matrimoñadura,
                          que por puntos aguardaba

**114**

y cantando convidaba
vecinos, alcalde y cura
   porque viniesen a honrarnos
después que te lloré muerto.

Pascual          Mari Pabros, ¿esto es cierto?

Mari             Como el finar y enterrarnos.

Pascual           ¿Que no tenes voluntá
a Gilote el del hu, hu?

Mari             Verá: ¿yo a Gilote? ¡Pú!

Pascual          Escopid la otra metá
   y escopiréis vueso nombre.

Mari             Ea, desenojesé.
No chero que murrio esté,
que es garrido y gentil hombre.
   Él mi manso, él mi pachón
encaja aquí.

Pascual                 Mari Pabros,
estaos queda con los diabros,
que me da el arremetón.

(Salen el rey Fernando y doña Blanca.)

Blanca            Huyó de tu compañía
la infanta mora y don Tello,
tu Alteza puede sabello
de los moros que traía.
Si de ti su rey se fía

y después su ofensa sabe
peligro amenaza grave
a tu reino y su opinión,
mientras la satisfacción
estas sospechas no lave.

Fernando       Doña Blanca, si es verdad
lo que afirmas, y no creo,
caro le saldrá el empleo
de su torpe voluntad;
Tello, en mi severidad,
hallará justos castigos,
y yo en Toledo testigos,
cuando a su infanta les dé,
que amistades guardar sé
como vencer enemigos.
   No me los han de esconder
cuantos riscos dificultan
las sierras que los ocultan
los valles que llego a ver.
Mas primero he detener
quien de esto me certifique,
que mis enojos publique.

Pascual       Mosca le dio a nueso reye.
Huyamos, aho...

Mari                   Bien se veye.

Pascual       Par Dios, que mos crucifique.

(Vanse estos dos. Sale don Tello.)

Tello         Oye, Fernando invicto, novedades

que ilustren, por divinas, tu memoria;
desmentirán novelas sus verdades
dando aplausos al cielo, a España historia;
no en bronces, pero sí en eternidades,
a Castilla blasón, a Burgos gloria,
la fama envidia a nuestros siglos canta,
ocasionada de Casilda santa.

Ésta, que del blasfemo barbarismo
del pseudo Cristo que idolatra Meca,
fénix renace solo de sí mismo,
única y fresca flor de planta seca
para triunfos eternos del bautismo;
coronas pisa; por desiertos trueca
del solio augusto aclamaciones reales,
púrpuras ya en Casilda los sayales.

Estorbaba deseos la malicia
de su infiel compañía, cuando anhela
retiros el afecto, y la noticia
del amoroso ardor que la desvela;
volvió por la inocencia la justicia,
peregrina impresión regiones vuela,
garza veloz que penetrando vientos
aires engaña y vuela pensamientos.

Siguiéronle mis ojos, mis suspiros,
éstos se lleva y se remonta a aquéllos,
diamante flor en prados de zafiros,
del Sol opositores sus cabellos.
Registré soledades y retiros,
voces y pasos aventuro entre ellos;
mas ¿qué importa, si en vano, aunque veloces,
desmaya pasos y enronquece voces?

Pródigo de la vista, la dilato
desde una elevación que, presumida,
monarca es de diamante, cuyo ornato

trono es del Sol cuando amanece vida,
lince de un valle el fin, a Flora grato,
sobre un enano mar miro vestida
del mismo Sol que se incorpora en ella
retratarse en sus vidrios una estrella.

Yacen dos lagos en distancia breve
al pie de esa apacible pesadumbre,
néctar de Apolo que abrasado bebe
cuando le causa sed su misma lumbre,
y es su pechera en desatada nieve
desde el verde coturno hasta la cumbre,
la sierra su vecina que entre espumas
aloja escamas y naufraga plumas.

Casilda, pues, en la arenosa orilla,
norte suyo la estrella precursora,
falaces yo en los pies para seguilla,
mis voces huye y de estación mejora;
un césped se le acerca, maravilla
que pasma al mismo tiempo que enamora,
pues ya leve bajel sin vela y remo
la traslada instantánea al otro extremo.

Toca apenas cristales con la planta
cuando su enfermedad huye vencida,
santas sus aguas por Casilda santa
pues ya ofrecen salud, ya voz de vida;
su virgíneo contacto virtud tanta
al lago comunica, que se olvida
la sangre fugitiva o se restaña
de quien llega mortal y en él se baña.

Deja aquel valle, pues, y yo la sigo,
juzgando por atajos los rodeos,
hasta una cueva donde fui testigo
de mártires victorias y trofeos.
Vicente, desde el tiempo en que Rodrigo

tan mala cuenta dio de sus empleos
y el africano tiraniza a España,
con sus reliquias honra esta montaña.

En ella hallé a Casilda, en ella erige
mausoleo a Vicente donde pueda
su culto venerar que en ella elige
la habitación con que su amor hospeda;
convoca jornaleros y dirige
cuanto oro, plata, joyas, perlas, seda,
del poder de su padre son indicio
para que abrevie el premio su edificio.

Vuela la fama y los extremos toca
de España, que escuchándola se admira
multiplicada en lenguas, que una es poca,
verdad toda esta vez, las más mentira.
A ver este prodigio se convoca
cuanta nobleza, cuanto vulgo mira
desde sus atalayas la Bureva,
sus valles población, corte su cueva.

Éstos los Lagos son de San Vicente,
incógnitos hasta hoy, ya medicina
de toda enfermedad, todo accidente.
Ángel la infanta ya de esta piscina,
Magdalena segunda penitente,
pero cándida virgen que encamina
al cielo afectos que la den corona
y España la venere por patrona.

| Fernando | Testigos falsos, Blanca, son los celos, enemigos sofísticos de casa. |

| Blanca | Dichosa la verdad que en sus desvelos el mal redime y a la envidia abrasa. |

| | |
|---|---|
| Fernando | Vamos a ver prodigios de los cielos |
| | que, si como don Tello, afirma, pasa, |
| | pies de Casilda adorarán mis labios. |

| | |
|---|---|
| Blanca | ¡Ay celos de alquitrán, padres de agravios. |

(Vanse todos. Salen cuatro cuadrillas por entrambas puertas, cada una de por sí, todos los de la compañía cantando con pandero, sonajas, tamboril y gaita, vestidos de villanos.)

| | |
|---|---|
| Músico I | «¡Ay que a las velas de Casilda santa |
| | Quintana de Bureva se lleva la gala!» |

| | |
|---|---|
| Músico II | «¡Ay que a la vela de la ermita nueva |
| | Rojas y Galbarros la gala se llevan!» |

| | |
|---|---|
| Músico III | «¡Ay que a la vela de los lagos nuesos |
| | a todos se la gana la gaita de Bueso!» |

| | |
|---|---|
| Músico I | «Bueso.» |

| | |
|---|---|
| Músico II | «Quintana.» |

| | |
|---|---|
| Músico III | «Rojas y Galbarros.» |

| | |
|---|---|
| Músico IV | «¡Vitor Quintana, cola todos cuatro!» |

| | |
|---|---|
| Carrasco | No tengamos carambola, |
| | si a velar venido habemos, |
| | son asentarse y callemos. |

| | |
|---|---|
| Mari | ¡Vitor Bueso y todos cola! |

| | |
|---|---|
| Uno | Si empezáis a daros, vaya, |

en pendencia acabaremos
la fiesta. Amigos, bailemos
todos juntos.

Carrasco          Vaya.

Mari                      Vaya.

(Cantan.)

Unos              «Que el pandero y la gaita de Ontoria
                 táñela tú, que a mí no me toca.»

(Bailan.)

Otros             «Quien tuviere flujo de sangre
                 entre en los Lagos y en ellos se bañe.»

Todos             «Tócala tú, que a mí no me atañe.»

Otros             «La mujer que no es paridera
                 lléguese al baño y tírele piedras.»

Todos             «Tócala tú, que a mí me da pena,
                 que el pandero y la gaita de Ontoria
                 táñela tú, que a mí no me toca.»

(En lo alto de las peñas Pascual.)

Pascual              ¡Mari Pabros! ¡Ha de abajo!
                 Serranos no os lo bailéis
                 todo, aguardad.

Mari                      Hao, ¿qué heis?

| | |
|---|---|
| Pascual | Echar por esotro atajo. |
| Mari | ¿Quién diabro os encaramó<br>el mi Pascual? |
| Pascual | Pide olores<br>Casilda y cójola flores<br>para el altar que labró<br>a San Vicente en la cueva. |
| Mari | ¿Y si dais de colodrillo? |
| Pascual | Vo a cortar aquel tomillo<br>que enrame la ermita nueva. |
| Mari | Ojo con la mata, asilda,<br>no haya enterrorio depués. |

(Deslízase Pascual y cae quedándose asido de un tomillo todo el cuerpo en el aire.)

| | |
|---|---|
| Pascual | Huéronseme dambos pies.<br>¡Válgasme Santa Casilda! |
| Carrasco | ¡San Vicente sea contigo! |
| Todos | ¡Jesús! |
| Pascual | Todo me bazuco<br>tomillo, a ser vos sahuco<br>sino es que hué cabrahigo<br>la remembranza de Judas<br>representa Juan Pascual, |

**122**

                              Mari Pabros, sin dogal
                              me ahorcan, las tocas viudas
                                 vos poned.

Mari                              ¡Triste soceso!

Carrasco              Hombre, encomiéndate a Dios.

Pascual               Encomendaos por mi vos
                              que yo no estó para eso.
                                 El mi tomillo salsero,
                              vuélveteme mechinal,
                              que de tu tomillo y sal
                              componer mi nombre chero.
                                 Tomé de la Sal seré;
                              mi mujer será Tomasa,
                              Tomillos los de mi casa
                              mi apóstol Santo Tomé.
                                 Santa mora ya cristiana,
                              Casilda la ermitañesa,
                              la amorosa, la infantesa
                              la virgen, la toledana,
                                 doleos la santa de mí
                              pues vine con vos del Tajo.
                              Parece que va ancia bajo,
                              dando el tomillo de sí.
                                 Descuélgome poco a poco.

(Vase alargando el tomillo y él bajando.)

Mari                  ¡Milagro!

Todos                         ¡Milagro extraño!

(Llega abajo.)

Pascual      Del mi suelo, año buen año;
             con los hocicos vos toco.

(Besa el suelo.)

Mari           ¡El mi dueño, el mi carillo!
             Llega y embracijamé.

Pascual      Cuido que no os oleré
             Mari Pabros a tomillo.

Mari           Bien haya quien en vos creye,
             Santa.

Pascual           ¡Hao! ¿qué gente es ésta?

Carrasco     El rey que viene a la fiesta

Pascual      No es mi algalia para el reye.

(Salen rey Fernando y doña Blanca.)

Fernando       Celos, doña Blanca hermosa,
             tienen ímpetus franceses,
             rigurosos al principio,
             después ni activos ni fuertes.
             Nieblas enlutan al Sol,
             mas en humo las resuelve
             la eficacia de sus rayos
             que, aunque acometidos, vencen.
             Sol es la verdad, en fin,
             puesto que eclipsarla intenten

**124**

nieblas del amor celosas,
que cuando amenazan mueren.
Vos habéis cuerda elegido
prenda en don Tello a quien debe
vuestro amor perseverancias
dignas que con vos se premien.
Don Diego ya no compite
con él, antes interceden
en su favor amistades
que indignaron accidentes;
daréisle en Burgos la mano.

Blanca          Sois vos, Fernando el clemente,
el iris de nuestras paces,
el espejo de los reyes.

(Sale don Tello.)

Tello           Nuestra infanta, gran señor,
tanto con los cielos puede
que eslabonando milagros
admiraciones suspende.
A costa de sus tesoros
templo fabrica solemne
al César aragonés,
al siempre invicto Vicente.
Mas el común enemigo,
envidioso de que herede
Casilda a Dios los milagros
con que esta tierra ennoblece,
lo que labrara de día,
de noche, torpe y aleve,
por el suelo derribaba,
porque el edificio cese.

Pidió favor a su esposo,
Casilda, y entre la ardiente
suspensión de sus discursos,
éxtasis toda celeste,
inmóvil el cuerpo virgen,
oye que Dios la promete
su fábrica restaurarle
sobre ese risco eminente.
Juntáronse las ruinas
y por sí solas se mueven
los ángeles de este alcázar
artífices solamente.
Toda la fábrica vuela
por las nubes, de la suerte
que de Palestina a Italia
lo que en el Oreto tiene
asiento felices siglos.
Tanto Casilda merece
que ya las piedras son plumas,
por ella lo grave es leve.

(Música. Sube una ermita toda y en ella, abiertas las puertas, de rodillas la santa Casilda elevada, y asiéntase el edificio sobre lo más enriscado de las peñas.)

Fernando         ¡Oh asombro de los milagros!
                  ¡Oh virgen! Que porque vueles
                  águila, al trono del Sol,
                  hasta su esfera te atreves.
                  Patrón seré de tu casa.

Tello              Toledo envidie y celebre
                  si venturoso el criarte,
                  lloroso y triste el perderte

la patrona de Castilla.
Los Lagos de San Vicente
son estos. En la segunda,
Tirso, su fin os promete.

Fin de la comedia

## Libros a la carta

A la carta es un servicio especializado para
empresas,
librerías,
bibliotecas,
editoriales
y centros de enseñanza;
y permite confeccionar libros que, por su formato y concepción, sirven a los propósitos más específicos de estas instituciones.

Las empresas nos encargan ediciones personalizadas para marketing editorial o para regalos institucionales. Y los interesados solicitan, a título personal, ediciones antiguas, o no disponibles en el mercado; y las acompañan con notas y comentarios críticos.

Las ediciones tienen como apoyo un libro de estilo con todo tipo de referencias sobre los criterios de tratamiento tipográfico aplicados a nuestros libros que puede ser consultado en Linkgua-ediciones.com.

Linkgua edita por encargo diferentes versiones de una misma obra con distintos tratamientos ortotipográficos (actualizaciones de carácter divulgativo de un clásico, o versiones estrictamente fieles a la edición original de referencia).

Este servicio de ediciones a la carta le permitirá, si usted se dedica a la enseñanza, tener una forma de hacer pública su interpretación de un texto y, sobre una versión digitalizada «base», usted podrá introducir interpretaciones del texto fuente. Es un tópico que los profesores denuncien en clase los desmanes de una edición, o vayan comentando errores de interpretación de un texto y esta es una solución útil a esa necesidad del mundo académico.

Asimismo publicamos de manera sistemática, en un mismo catálogo, tesis doctorales y actas de congresos académicos, que son distribuidas a través de nuestra Web.

El servicio de «libros a la carta» funciona de dos formas.

1. Tenemos un fondo de libros digitalizados que usted puede personalizar en tiradas de al menos cinco ejemplares. Estas personalizaciones pueden ser de todo tipo: añadir notas de clase para uso de un grupo de estudiantes,

introducir logos corporativos para uso con fines de marketing empresarial, etc. etc.

2. Buscamos libros descatalogados de otras editoriales y los reeditamos en tiradas cortas a petición de un cliente.

www.ingramcontent.com/pod-product-compliance
Lightning Source LLC
Chambersburg PA
CBHW030730150426
42813CB00051B/390